WEISST DU, WIE UNSER ESSEN ENTSTEHT?

Lebensmittel und ihre Herstellung

Text von
Sonja Floto-Stammen

INHALT

RUND UM UNSER ESSEN

LEBENSMITTEL

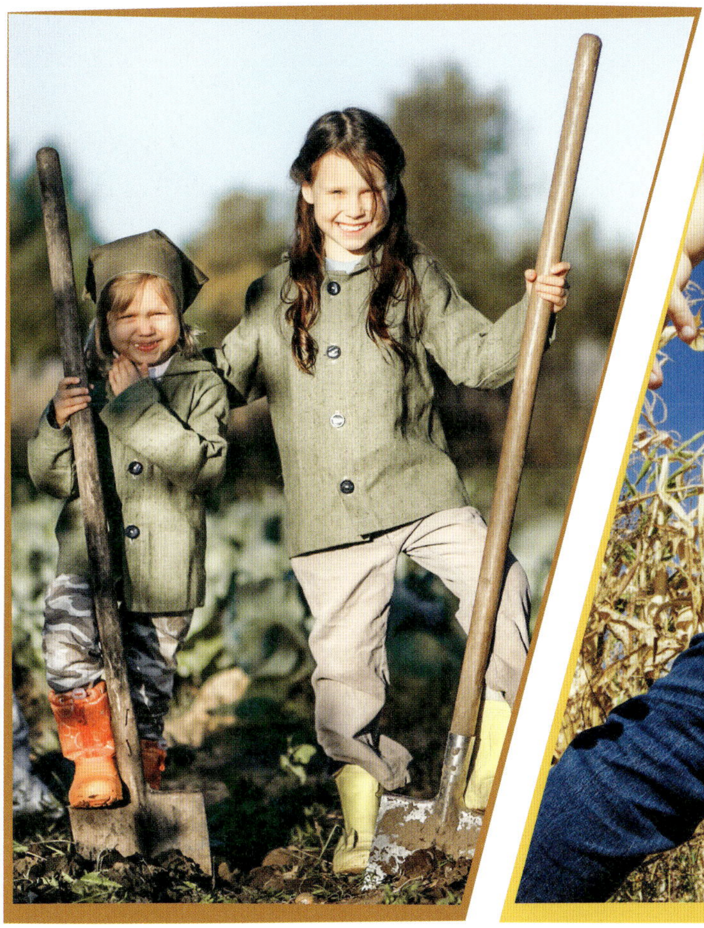
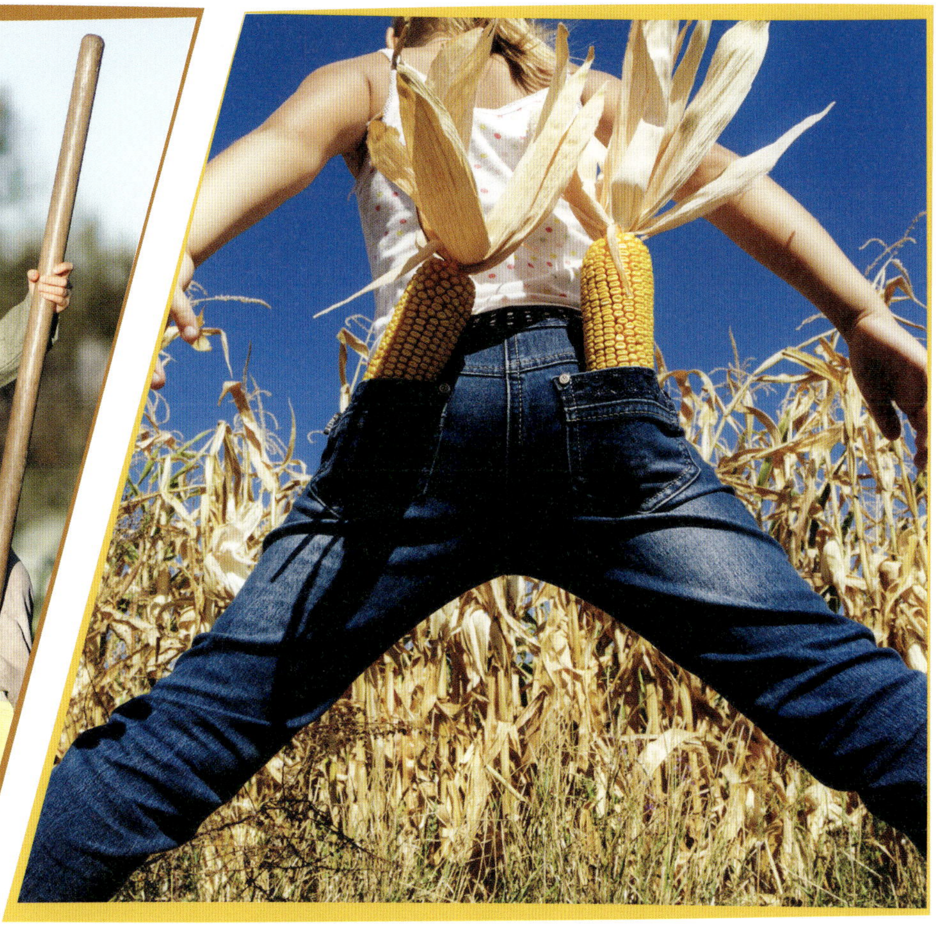
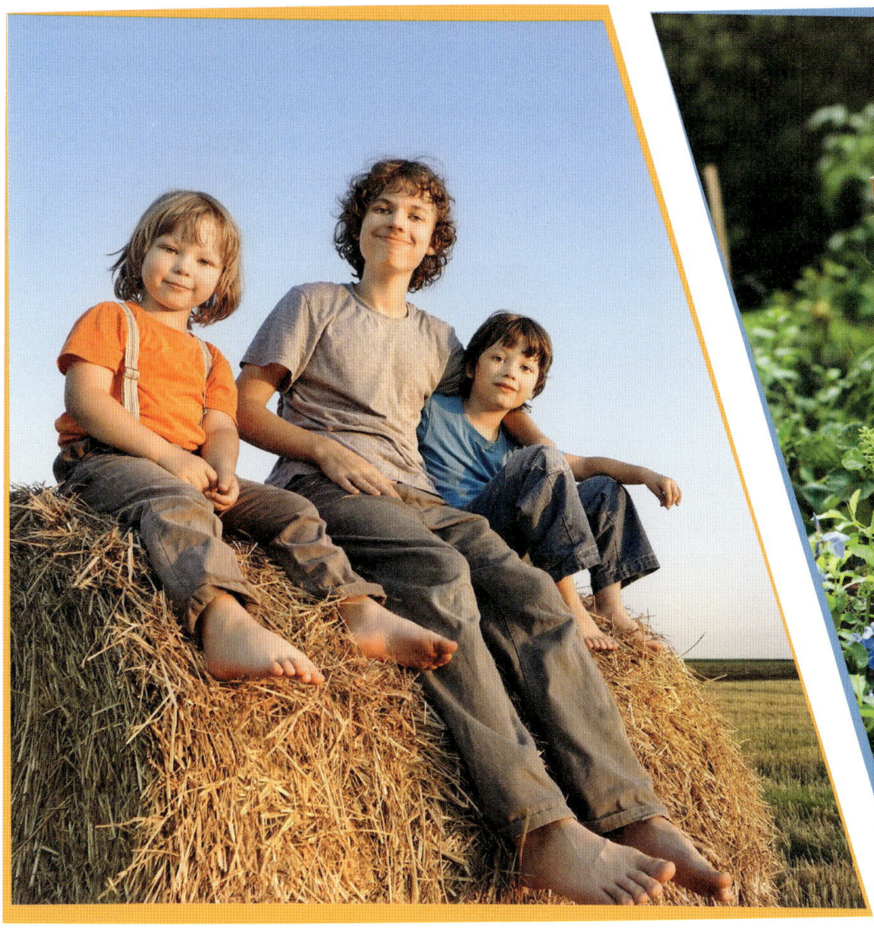
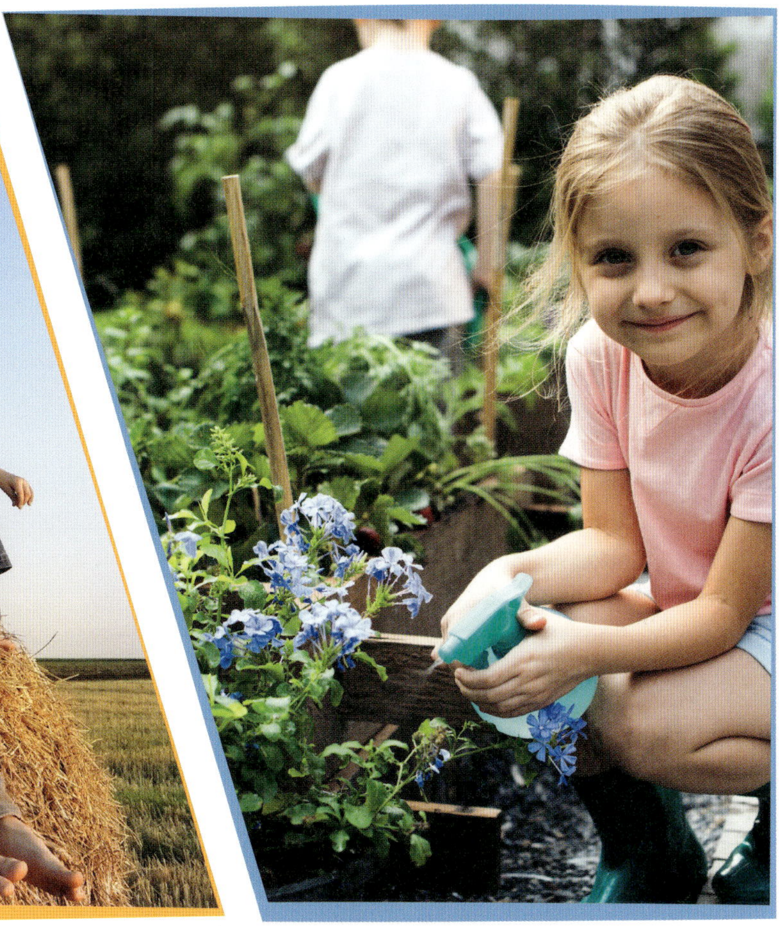

© Circon Verlag GmbH
Baierbrunner Straße 27, 81379 München
Ausgabe 2020
2. Auflage

Text: Dr. Sonja Floto-Stammen
Redaktion: Jennifer Döhring
Produktion: Ute Hausleiter
Abbildungen: siehe Bildnachweis S. 123
Titelabbildungen: www.stock.adobe.com: Daylight Photo (o. l.), sompong_tom (o. r.), Karin Jähne (m. l.),
Jasmin Merdan (m. r.), sommai (Paprika), akf (Kartoffel/Pommes), volff (Äpfel), den781 (Glas),
tortoon (Hintergrund u.), Thissatan (Tafel), Aaron Amat (Mädchen), sisti (Vignetten Obst)
Gestaltung: Enrico Albisetti
Umschlaggestaltung: MP-Medien, München

ISBN 978-3-8174-2373-6
381742373/2

Besuchen Sie uns auf Instagram und Facebook:
circonverlag

www.circonverlag.de

WIE ENTSTEHT EIGENTLICH ...? 70

HERSTELLUNGSMETHODEN 84

ESSEN FÜR DIE ZUKUNFT 102

Lebensmittel-Trends?

Nährstoffe?

Gesunde Ernährung?

Wann wächst was?

Ernährungspyramide?

RUND UM UNSER ESSEN

TRENDS BEIM ESSEN UND TRINKEN

Wir brauchen Essen, um zu überleben. Essen gibt uns Energie, hilft unseren Muskeln und Knochen dabei, zu wachsen und sich zu erneuern, und hält unseren Körper fit und wach. Früher aßen die Menschen hauptsächlich, um satt zu werden und Energie nachzutanken. Es gab nicht so viel Auswahl und das Thema Ernährung war den meisten nicht so wichtig.

Heute allerdings haben wir ziemlich hohe Ansprüche an das, was wir essen: Es soll gut schmecken, gesund sein und beim Zubereiten nicht viel Arbeit machen. Essen soll aber auch Spaß machen oder zeigen, wer oder was ich bin. Wenn du zum Beispiel kein Fleisch isst, zeigst du damit vielleicht, dass du mit der Tierhaltung nicht einverstanden bist. Wenn du Bio-Lebensmittel isst, möchtest du vielleicht zeigen, dass du etwas für unsere Umwelt tun willst.

ÖFTER MAL WAS NEUES – TRENDS BEIM ESSEN

Essbarer Keksteig, nach Schokolade schmeckende exotische Früchte, Insekten zum Naschen und Würstchen aus Getreide – wenn du neugierig bist und gerne was ausprobierst, dann halte mal Ausschau nach diesen Trends. Die Lebensmittelindustrie erfindet jedes Jahr unzählige neue Produkte. Sehr viele davon schaffen es nicht länger als ein Jahr lang, einen Platz im Supermarktregal zu bekommen. Da es so viele neue Produkte gibt, setzen sich nur die allerbeliebtesten durch. Alle anderen verschwinden wieder.

> TREND FÜR DIE UMWELT

Lebensmittel herzustellen bedeutet auch immer, etwas zu ernten oder zu züchten. Tiere und Pflanzen, aus denen unsere Lebensmittel hergestellt werden, sind Teile unserer Umwelt. Beim Herstellen von Lebensmitteln werden außerdem Wasser, Boden und Energie gebraucht. Es gibt Methoden, bei denen weniger von diesen wertvollen Rohstoffen gebraucht werden, und andere, bei denen mehr davon gebraucht wird. Wir versuchen heute die Methoden zu fördern, die besser für die Umwelt sind und weniger Energie, Wasser oder Bodenfläche verbrauchen. Nicht immer sind sich alle einig, welches dafür die besten Methoden sind.

LASST UNS GESUND UND MUNTER SEIN!

Neben Trendprodukten gibt es auch Trends in der Einstellung. Da wäre zum Beispiel der Trend, dass wir mehr auf unsere Gesundheit und Fitness achten. Wer das tut, der sucht sich Lebensmittel aus, die er für gesünder hält. Deswegen gibt es inzwischen sehr viele Produkte, die schon auf der Verpackung zeigen, dass sie die Gesundheit unterstützen. Dazu gehören Getreideprodukte wie Müslis oder Obst- und Gemüseprodukte wie Smoothies und Salate.

NÄHRSTOFFE

Jeder Mensch muss essen. Denn wir brauchen Energie, um uns zu bewegen, um unsere Körpertemperatur aufrechtzuerhalten und um alle Organe in Betrieb zu halten. Unser Körper baut ständig Zellen auf und ab. Gewebe und Organe werden andauernd versorgt und repariert. Alles, was dafür nötig ist, bekommt der Körper durch unsere Nahrung.

Insgesamt gibt es in unserem Essen drei Hauptnährstoffe. Die ersten sind die Kohlenhydrate, zu denen auch die Stärke gehört. Die zweiten sind die Fette und die dritten die Eiweiße. Aber was ist mit Zucker, fragst du dich jetzt vielleicht? Der Zucker gehört wie die Stärke zu den Kohlenhydraten, denn Zucker ist der kleinste Baustein von allen Kohlenhydraten.

1 Kohlenhydrate: Liefern Energie!

Weißt du, was Brot, Nudeln, Reis und Kartoffeln gemeinsam haben? Sie alle enthalten sehr viel Stärke, die zur Nährstoffgruppe der Kohlenhydrate gehört. Kohlenhydrate sind für unseren Körper wie Benzin für ein Auto: Sie halten uns am Laufen. Zusammengesetzt sind sie aus Zuckerbausteinen. Stell dir vor, du isst eine Scheibe Brot: Während die im Magen verdaut wird, werden die Zuckerketten gespalten und gelangen als Zuckermoleküle ins Blut. Über das Blut können sie bis in jede Zelle transportiert werden. Die Zellen wiederum verbrennen den Zucker und gewinnen so die Energie für Kraft oder Denkaufgaben. Das Gehirn braucht von allen Organen am meisten Zuckerenergie. Wenn du dich stark konzentrierst, braucht dein Gehirn einen stetigen Nachschub an Nährstoffen, was du daran merkst, dass du Hunger bekommst.

2 Eiweiß: Für die Muskeln!

Eiweiß, auch Protein genannt, steckt vor allem in Milch, Eiern, Fleisch und Fisch. Aber auch pflanzliche Lebensmittel enthalten Eiweiß, wie beispielsweise Hülsenfrüchte. Zu denen gehören Bohnen, Erbsen und Linsen oder Getreide. Die Bausteine von Eiweiß sind die sogenannten Aminosäuren. Davon gibt es insgesamt 20 unterschiedliche – du kannst sie dir vorstellen wie verschieden große Legosteine. Je nach Reihenfolge und Anzahl der Aminosäuren entstehen

im Körper daraus Muskeln, Blut oder Schleimhäute. Da in unserem Körper ständig um-, ab- und aufgebaut wird, brauchen wir andauernd Aminosäuren-Nachschub.

3 Fette sind überall!

Fette und Öle sind in pflanzlichen und in tierischen Lebensmitteln enthalten, also zum Beispiel sowohl in Nüssen als auch in Fleisch. Die Bausteine der Fette sind zum Teil lebenswichtig für unseren Körper. Denn wir brauchen Fettsäuren unter anderem für die Geschmeidigkeit von Zellwänden und für einen reibungslosen Blutfluss. Fette sind auch notwendig, damit wir fettlösliche Vitamine ins Blut aufnehmen können. Besonders wertvoll sind pflanzliche Öle aus Raps, Sonnenblumen oder Oliven. Eine gute Mischung aus verschiedenen Ölen und Fetten stellt sicher, dass der Körper von allen benötigten Baustoffen genug bekommt.

ZUCKER

Süßigkeiten, Kuchen und Eis enthalten Haushaltszucker, auch Saccharose genannt. Der gelangt sofort ins Blut und liefert Turboenergie. Zu viel davon überfordert unseren Körper und macht auf Dauer krank, deswegen sollte Zucker nur in Maßen gegessen werden. Auch in Früchten ist Zucker – der sogenannte Fruchtzucker. In Milch steckt Milchzucker, auch Laktose genannt. Laktose ist ein Zweifachzucker, das heißt er besteht aus zwei Zuckerbausteinen. Er muss von einem Enzym – das ist eine Art Schere – gespalten werden, bevor er ins Blut aufgenommen wird. Nicht alle Menschen können Milchzucker vertragen, denn bei einigen fehlt das Enzym – also die Schere – im Körper.

GESUNDE ERNÄHRUNG: WAS IST DAS?

Was bedeutet es eigentlich, sich gesund zu ernähren? Du weißt bestimmt, dass es ein paar Lebensmittel gibt, die allgemein als „gesund" angesehen werden: Erwachsene wollen immer, dass Kinder viel Obst und Gemüse essen. Und dann gibt es andere Lebensmittel, die eher als „ungesund" gelten: Tiefkühlpizza oder Süßigkeiten vielleicht. Aber du kannst schon mal aufatmen, denn bis auf ganz wenige Ausnahmen gibt es eigentlich keine Lebensmittel, die man einfach so als ungesund oder als gesund bezeichnen kann. Warum nicht?

▶ DIE MENGE MACHT DAS GIFT

Paracelsus, ein berühmter Wissenschaftler aus dem 15. Jahrhundert, hat einmal gesagt: „Die Dosis macht das Gift." Er meinte damit, dass jede angeblich noch so gesunde Substanz giftig sein kann, wenn wir sie in zu großer Menge zu uns nehmen. Genauso kann man es von unseren Lebensmitteln auch sagen: Wenn du dich ausschließlich von Äpfeln ernähren würdest, wäre das ungesund. Gleichzeitig zählen Bonbons und Chips sicher nicht zu den gesunden Lebensmitteln, aber sie machen uns auch nicht direkt krank. Es sein denn – ja, du ahnst es schon – sie werden zu häufig und zu viel gegessen. Wenn wir über gesunde Ernährung reden, dann geht es also vor allem darum, die richtige Mischung zu essen. Von allem etwas und von nichts zu viel.

➤ WAS IST ZU VIEL?

Ein großes Problem der heutigen Zeit ist, das richtige Maß zu finden. Unsere Vorfahren mussten über Jahrtausende hinweg mit sehr wenig Essen zurechtkommen, denn sie konnten nicht einfach in einen Supermarkt spazieren und einkaufen. Stattdessen mussten sie ihre Nahrung mühsam sammeln und jagen. So war der Mensch praktisch nur damit beschäftigt, sein tägliches Essen sicherzustellen, und am Ende gab es dann meistens gar nicht so viel. Unsere Gene und Instinkte sind deshalb darauf trainiert, nach Essbarem zu suchen. Heutzutage gibt es stattdessen eine schier unendliche Auswahl an Nahrungsmitteln und sie sind sehr einfach zugänglich. Da passiert es schnell, dass wir zu viel von einer Sache essen.

ZU VIEL ESSEN IST UNGESUND!

In Deutschland ist etwa jedes fünfte Kind und jeder zweite Erwachsene übergewichtig. Übergewichtig sein heißt, mehr zu wiegen, als Ärzte es für gesund halten. Tatsächlich hat jeder, der zu viel wiegt, ein höheres Risiko, krank zu werden. Krankheiten, die durch zu viel Gewicht öfter auftreten, sind Diabetes, Krebs oder ein Herzinfarkt.

DIE ERNÄHRUNGS-PYRAMIDE

Ob Lebensmittel gesund oder ungesund für dich sind, kommt auf die Menge an, in der du sie isst. Nur wenn du zu viel oder zu wenig von etwas isst, kannst du krank werden. Aber was genau sollst du denn jetzt essen und in welchen Mengen? Damit es leichter ist, darüber einen Überblick zu bekommen, haben Ernährungswissenschaftler die sogenannte Ernährungspyramide erfunden.

▶ VIER ETAGEN IN VIER FARBEN

Schau dir die Pyramide einmal genau an: Dort gibt es vier Etagen. In jeder Etage sind verschiedene Lebensmittel abgebildet:

Der Block in der unteren Etage der Pyramide ist orangefarben. Hier stehen die Dinge, von denen du ziemlich viel benötigst: Getreide wie Brot, Müsli, Reis und Nudeln.

In der zweiten Etage wird es grün. Auch bei diesen Lebensmitteln kannst du ruhig mehrmals am Tag richtig zugreifen: Obst und Gemüse sind gesund und wichtig.

Die dritte Etage ist blau. Hier siehst du die tierischen Lebensmittel wie Milch und Käse, Eier sowie Fisch und Fleisch. Sie sind wichtig, da sie den Körper mit Eiweiß versorgen. Aber bei ihnen ist es auch wichtig, dass man nicht zu viel davon isst, da sie so eine hohe Dichte an Nährstoffen haben. Es reicht, von ihnen vier Portionen am Tag zu essen. Das wären zum Beispiel ein Glas Milch oder Kakao, eine Scheibe Käse, ein Becher Joghurt und entweder ein Ei, Fleisch oder Fisch.

Auf der vierten Etage sind Öl und Fett zu sehen. Davon reicht jeweils nur eine Portion pro Tag: Butter auf dem Brot und Öl im Salatdressing wären also genug. Und auch für Süßigkeiten wie Schokolade, Eis oder Kuchen gilt: Einmal am Tag reicht!

Nicht jeder Mensch ist gleich. Es gibt große und kleine, kräftige und zierliche Leute. Dann gibt es diejenigen, die ständig in Bewegung sind, und andere, die meistens sitzen.

Natürlich braucht deswegen auch nicht jeder gleich viel Energie und damit auch nicht gleich viel Essen. Kinder brauchen ziemlich viel Energie, da sie noch wachsen und viel in Bewegung sind.

SO REISEN DIE SPEISEN

Wenn wir in einen Supermarkt gehen, können wir Lebensmittel aus der ganzen Welt kaufen: Mangos aus der Karibik, Fische aus Norwegen, Nüsse aus Amerika oder Kartoffeln aus Ägypten. Auch für die meisten Fertigprodukte sind Zutaten verwendet worden, die aus ganz unterschiedlichen Ländern und sogar von anderen Kontinenten kommen. Die Lasagne, die wir essen, der Salat oder die Schokolade, sie alle bestehen aus Zutaten, die zuvor weit gereist sind.

> WIE WEIT REIST MEINE PIZZA?

Stell dir vor, du backst dir zu Hause selbst eine Pizza. Für den Teig und für den Belag kaufst du verschiedene Zutaten: Mehl, Hefe, Tomaten, Käse und Gewürze. Was meinst du, wie weit diese Zutaten gereist sind, bevor sie in deinen Supermarkt gelangt sind? Schau es dir genauer an!

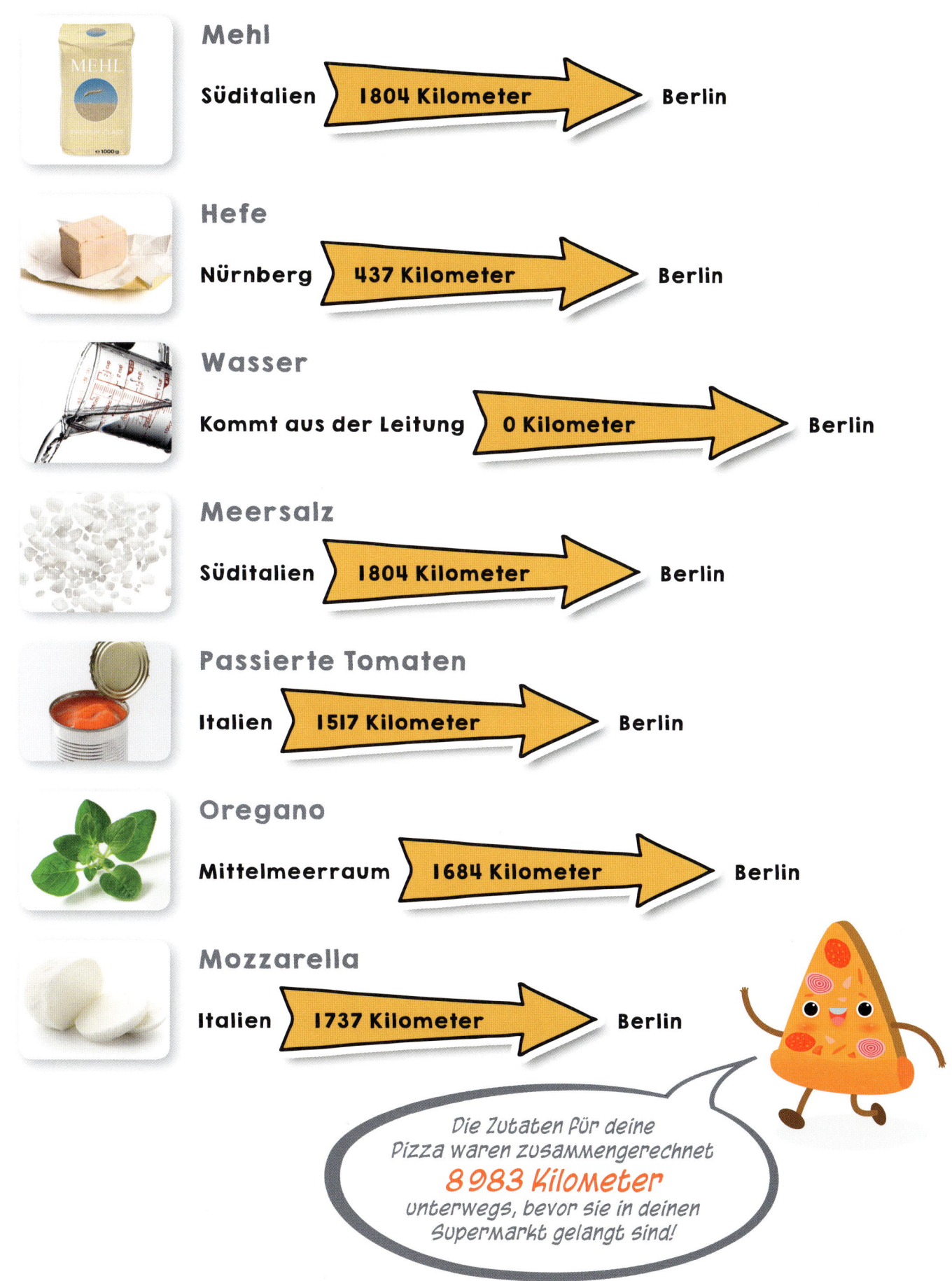

Mehl

Süditalien | 1804 Kilometer | Berlin

Hefe

Nürnberg | 437 Kilometer | Berlin

Wasser

Kommt aus der Leitung | 0 Kilometer | Berlin

Meersalz

Süditalien | 1804 Kilometer | Berlin

Passierte Tomaten

Italien | 1517 Kilometer | Berlin

Oregano

Mittelmeerraum | 1684 Kilometer | Berlin

Mozzarella

Italien | 1737 Kilometer | Berlin

Die Zutaten für deine Pizza waren zusammengerechnet **8983 Kilometer** *unterwegs, bevor sie in deinen Supermarkt gelangt sind!*

WANN WÄCHST WAS?

Mit diesen Tabellen kannst du nachschauen, wann in Deutschland welches Obst und welches Gemüse natürlicherweise wächst. Im Supermarkt kannst du dann abgleichen, ob das Gemüse oder das Obst gerade Saison hat oder zu großer Wahrscheinlichkeit aus einem anderen, oft fernen Land gekommen ist.

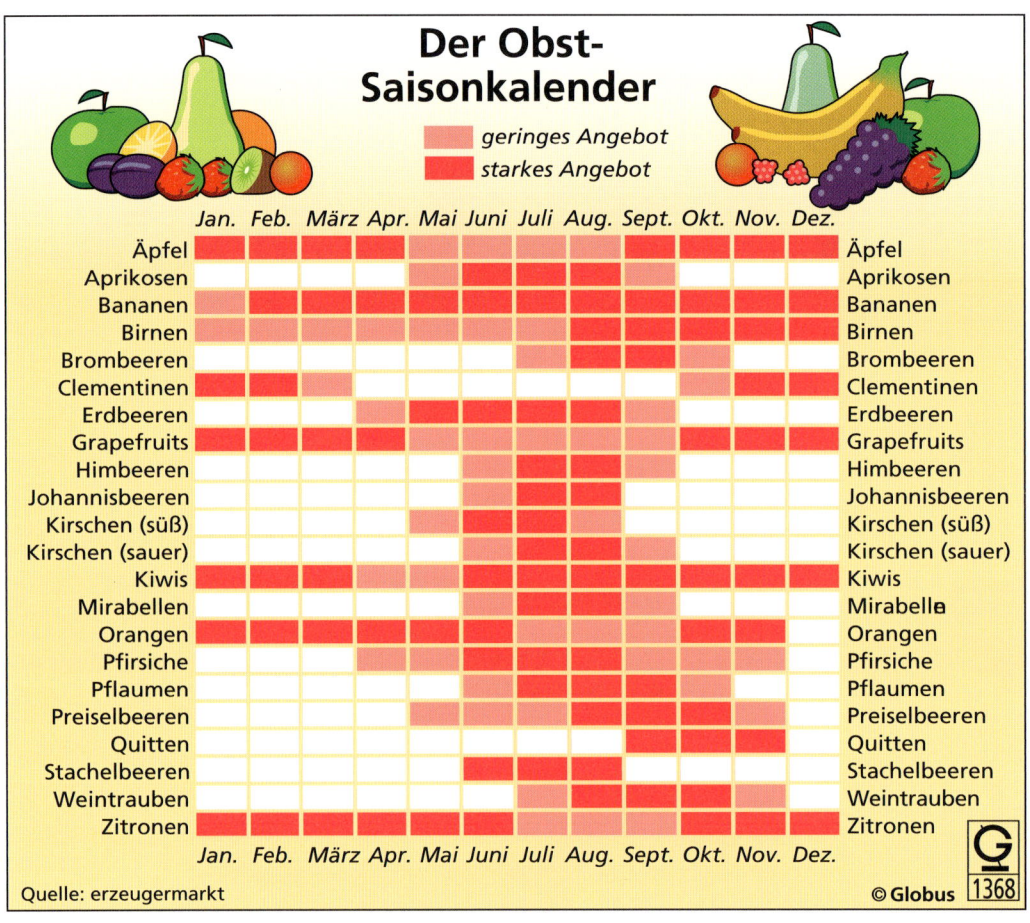

Der Obst-Saisonkalender

Quelle: erzeugermarkt © Globus 1368

WAS BEDEUTET „SAISONALES OBST UND GEMÜSE"?

Das Wort saisonal leitet sich von Saison ab und bedeutet, dass es für jedes Gewächs eine bestimmte Zeit gibt, in der es gut wächst und reif wird. Im Juni beispielsweise gibt es in Deutschland frische Erdbeeren, Himbeeren oder Kirschen. Und im Herbst sind Äpfel oder Birnen reif. Mit Gewächshäusern wird versucht, die natürliche Saison einer Pflanze zu umgehen, indem man darin ein warmes Klima schafft. So können Tomaten in Gewächshäusern auch gezüchtet werden, wenn es ihnen draußen eigentlich viel zu kalt wäre.

WARUM IST ES ÜBERHAUPT NÜTZLICH ZU WISSEN, WAS BEI UNS WÄCHST?

Die Gemüsesorten, die bei uns wachsen, haben keinen langen Weg bis zu deinem Supermarkt hinter sich. Das ist schon mal gut für die Umwelt. Denn sie mussten nicht mit dem Schiff oder dem Flugzeug antransportiert werden. Außerdem schmecken sie dann, wenn sie natürlicherweise Saison haben, besonders gut.

Und es macht Spaß, wenn man sich je nach Jahreszeit auf ein besonderes Essen freuen kann: Grünkohl wächst in der winterlichen Kälte auf unseren Feldern. Im Mai und Juni probierst du den delikaten Spargel. Und im Herbst ist es dann Zeit für den Kürbis!

> Schaue auf der Verpackung deines Gemüses oder auf dem Schild, das daneben steht nach, woher es kommt.

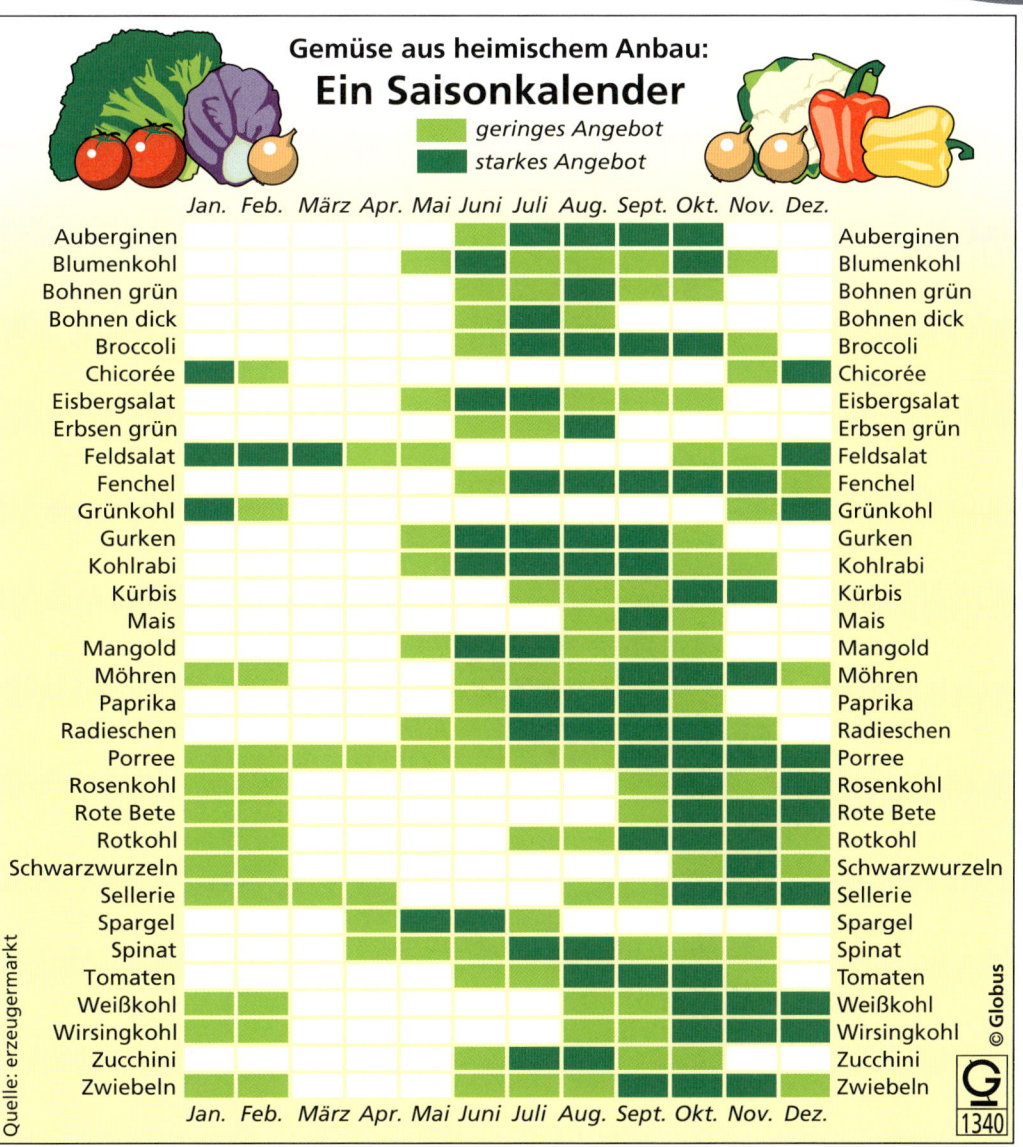

Gemüse aus heimischem Anbau:
Ein Saisonkalender

☐ geringes Angebot
☐ starkes Angebot

Quelle: erzeugermarkt

© Globus 1340

HIMBEEREN
Ursprung Spanien
€ 125g

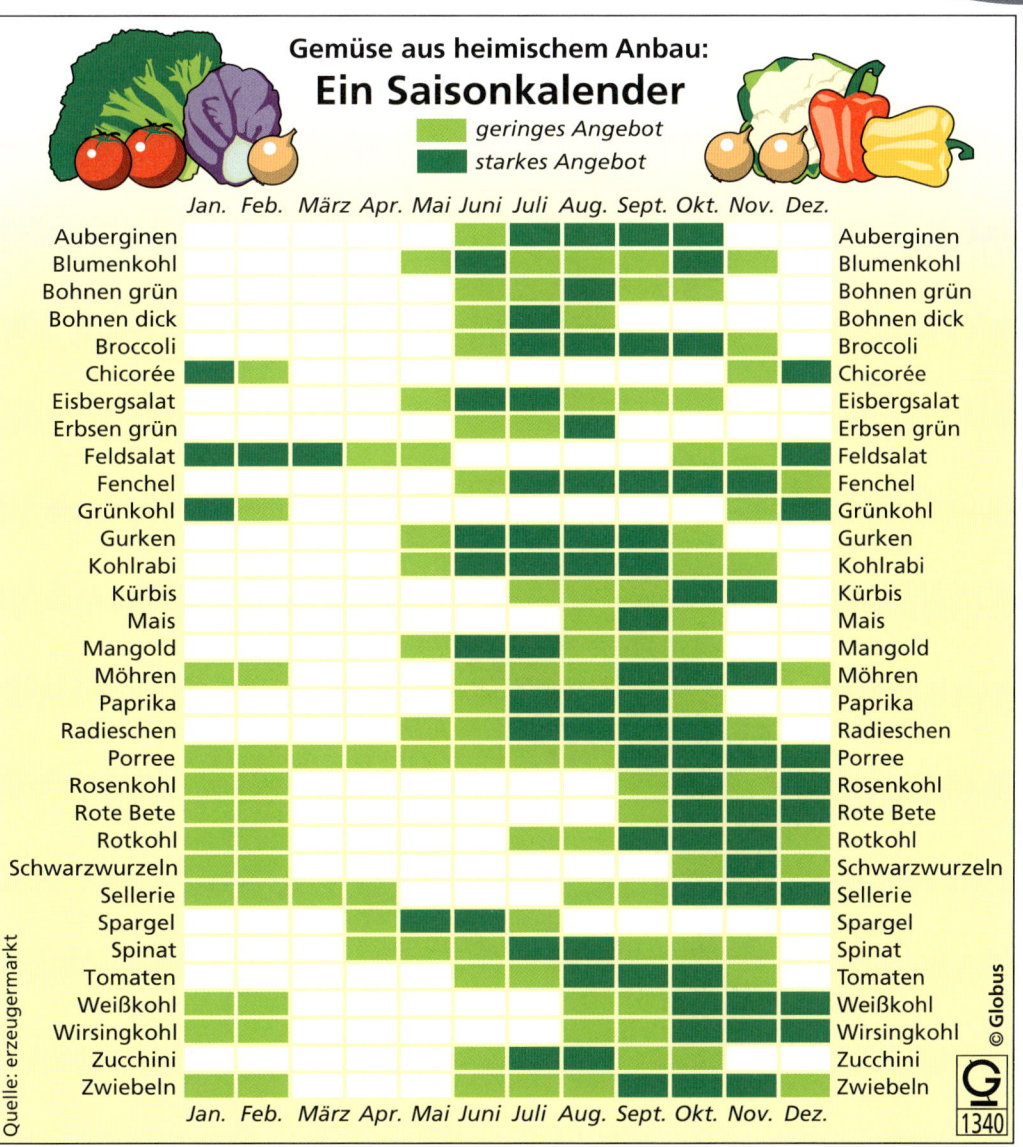

Zitrusfrüchte?

Mais?

Fleisch?

Meerestiere?

Kartoffeln?

Bohnen?

Milch?

LEBENSMITTEL

OBST UND GEMÜSE

Obst und Gemüse haben vieles gemeinsam. Zum Beispiel bestehen beide überwiegend aus Wasser und haben den Ruf, gesund zu sein. Und was unterscheidet sie voneinander? Obst schmeckt meistens süßer als Gemüse und wächst oft an Bäumen oder an Pflanzen. Diese Pflanzen tragen dann jedes Jahr neue Früchte: Von Apfel- oder Kirschbäumen kannst du jedes Jahr Obst ernten.

Gemüse wächst im Unterschied dazu oft so, dass man beim Ernten die ganze Pflanze aus der Erde zieht und sie dann auch komplett verwertet. So ist es zum Beispiel beim Salat, bei dem alles essbar ist. Oder bei der Möhre, die als Ganzes gezogen wird. Anschließend muss neu gepflanzt werden, damit man wieder ernten kann.

Aber ganz so einfach ist die Unterscheidung nicht. Es gibt nämlich auch Früchte, die überhaupt nicht süß schmecken, wie zum Beispiel Avocados. Und es gibt Gemüse, das wir wie Obst essen – hättest du zum Beispiel gedacht, dass die Melone ein Gemüse ist?

⟩ LEBENDIG UND ANSPRUCHSVOLL

Im Supermarkt gibt es meistens direkt am Eingang eine große Auswahl an Obst und Gemüse. Da beides reift, atmet und aus Zellen besteht, die einen Stoffwechsel haben, könnte man sagen, dass Obst und Gemüse irgendwie lebendig sind. Aus diesem Grund können sie allerdings nicht nur reifen, sondern auch verderben. Jedes Obst

und jedes Gemüse hat besondere Bedürfnisse: Die einen haben es lieber kalt und feucht. Die anderen brauchen mittlere Temperaturen und eher Trockenheit. Die einen können wochenlang lagern und die anderen schmecken schon wenige Tage nach der Ernte nicht mehr. Es ist also nicht einfach, es allen recht zu machen und Obst und Gemüse so zu lagern, dass beides möglichst lange frisch und lecker im Supermarkt auf uns warten kann.

▷ WOHER KOMMEN OBST UND GEMÜSE?

Das ist eine Frage mit Hunderten von Antworten. Denn Obst und Gemüse haben nicht nur in der Lagerung unterschiedliche Bedürfnisse. Auch im Anbau und in der Pflege haben sie ganz verschiedene Ansprüche.

Bei uns in Deutschland wächst das ganze Jahr über etwas. Am häufigsten wird Kohlgemüse angebaut, wie zum Beispiel Weißkohl, Kohlrabi oder Blumenkohl. Auf Platz zwei und drei kommen dann Möhren und Zwiebeln. Den meisten Platz für seinen Anbau besetzt in Deutschland der Spargel.

Unser Lieblingsgemüse sind die Tomaten – davon wird am allermeisten gekauft. Wir essen so viel davon, dass wir das meiste aus anderen Ländern bekommen. Vor allem aus den Niederlanden, unserem Nachbarland, wird sehr viel importiert. Denn die Niederlande haben sich so auf den Anbau von Gemüse spezialisiert, dass sie viele Gewächshäuser haben, in denen sie das ganze Jahr über frostempfindliche Pflanzen anbauen können – wie Tomaten.

Sehr viele Obst- und Gemüsesorten, die wir gerne essen, wachsen allerdings nicht in unserer Gegend. Manche brauchen so viel Wärme und Sonne, dass sie besser in Spanien oder sogar auf der Südhalbkugel der Erde gedeihen. Dazu zählen zum Beispiel Orangen, Kiwis und Bananen, die wir aus Ländern mit mediterranem Klima wie Portugal oder einem tropischen Klima wie Brasilien bekommen. In Deutschland wachsen Äpfel, Kirschen und Erdbeeren als heimische Obstsorten. Aber tun sie das immer? Nein, nur in bestimmten Monaten des Jahres, nämlich im Sommer und Herbst, wenn es schön warm ist.

ÄPFEL

Isst du gerne Äpfel? Das tun die meisten Deutschen. Äpfel sind unser Lieblingsobst und jeder Deutsche isst davon etwa 24 Kilogramm pro Jahr. Das sind ungefähr 153 Äpfel für jeden! Tatsächlich gibt es für fast jeden Geschmack eine eigene Sorte, insgesamt kann man um die 30 verschiedene Sorten im Supermarkt kaufen. Jede davon schmeckt anders. Aus Deutschland kommen vor allem die Sorten „Elstar" (schmeckt knackig und säuerlich-würzig) und „Jonagold" (ist eher aromatisch-süß). Der für Bratapfel, Apfelkuchen und Apfelpfannkuchen beste Apfel kommt auch aus Deutschland: Es ist der „Boskoop".

Der Apfel ist damit mit Abstand das wichtigste Obst, das in Deutschland angebaut wird, und belegt hier fast drei Viertel der gesamten Obsterntemenge.

> BEQUEME ERNTE

Obstbäume werden heutzutage so klein gezüchtet, dass man die Früchte bei der Ernte ohne Leiter pflücken kann. Tatsächlich werden Tafeläpfel – also die Äpfel, die wir als ganze Äpfel kaufen – mit der Hand gepflückt. So werden sie ganz vorsichtig behandelt, damit sie keine Druckstellen bekommen und lange lagern können. Je nach Sorte und Reifegrad werden Äpfel nach der Ernte entweder direkt verkauft oder in Kühllagern aufbewahrt.

> WUSSTEST DU, DASS ÄPFEL ATMEN?

Äpfel – wie auch andere Früchte – sind nach der Ernte weiterhin „lebendig": Sie atmen und haben einen Stoffwechsel. Deswegen können sie auch schnell alt werden und verderben. Doch es gibt eine Möglichkeit, dieses schnelle Altwerden zu verhindern oder wenigstens stark zu verlangsamen: Kühle Temperaturen von nur ein bis vier Grad Celsius. Außerdem sollten sie wenig Sauerstoff zum Atmen bekommen, denn dann fallen sie in eine Art „Dornröschenschlaf", aus dem man sie später wieder wecken kann. Manche Apfelsorten können in klimatisierten Lagern so bis zu zwölf Monate frisch bleiben.

> WANN SIND ÄPFEL REIF FÜR DIE ERNTE?

Unsere heimischen Äpfel werden zwischen August und Oktober geerntet, sie haben also im Herbst ihre Saison. Ein kleiner Teil der Äpfel, die man bei uns kaufen kann, stammt aus Ländern der Südhalbkugel, zum Beispiel aus Neuseeland. Dort reifen die Äpfel im März und April, genau zu der Zeit, in der die Äpfel in unseren Lagern knapp werden. Aus diesem Grund werden neuseeländische Äpfel auf riesigen Containerschiffen zu uns gebracht. Der lange Transportweg bis nach Deutschland braucht viel Energie, zum Beispiel in Form von Benzin. Doch das Lagern der heimischen Äpfel in Kühlhallen ist auch sehr aufwendig.

„AN APPLE A DAY KEEPS THE DOCTOR AWAY"

Dieses alte Sprichwort stammt aus England, wo es 1866 zum ersten Mal auftauchte. Übersetzt heißt es: „Ein Apfel am Tag erspart dir den Arzt". In Sprichwörtern steckt meist ein wahrer Kern und auch an diesem ist etwas dran. Äpfel enthalten nämlich viele Vitamine und schützende Pflanzenstoffe. Diese Stoffe helfen dem Körper bei der Abwehr von Krankheiten. Ernährungswissenschaftler empfehlen, dass wir jeden Tag zwei Portionen Obst essen sollen, damit wir genug schützende Pflanzenstoffe aufnehmen. Der tägliche Apfel ist also schon eine Portion. Und welche zweite Portion suchst du dir aus?

STEINOBST

Früchte mit einem harten Kern in der Mitte nennt man Steinobst. Drumherum liegt das fleischige oder faserige Fruchtfleisch. Das wiederum wird von einer äußeren Hülle geschützt, der Haut. Zum Steinobst zählen Kirschen, Pflaumen, Pfirsiche und Nektarinen sowie Aprikosen.

❯ KIRSCHEN – ROT UND SAFTIG

Kirschen wachsen sowohl an Bäumen als auch an Sträuchern. Es gibt viele verschiedene Sorten und sie unterscheiden sich in Süß- und Sauerkirschen. Die meisten Kirschpflanzen sind anspruchslos, was das Klima und den Boden betrifft, und wachsen deshalb auch prima in Deutschland und ganz Europa. Von Juni bis Juli gibt es bei uns einheimische Kirschen zu kaufen. In den anderen Monaten kommen Kirschen aus der Türkei zu uns, dem Kirschenland Nummer eins, oder auch aus Spanien und Norwegen.

❯ PFIRSICHE & NEKTARINEN

▲ Nektarine

▲ Pfirsich

Hast du schon mal bemerkt, dass sich Pfirsiche und Nektarinen sehr ähnlich sind? Sie unterscheiden sich eigentlich vor allem durch ihre äußere Schale: Während Nektarinen eine glatte Oberfläche besitzen, ist die Pfirsichhaut mit ihren unzähligen Härchen geradezu ein Pelz. Der Grund für diesen Unterschied ist eine Laune der Natur. Eines Tages kam es beim Pfirsich zu einer Veränderung des Erbgutes, einer sogenannten Mutation. Dadurch fielen dem Pfirsich praktisch die Haare aus und er wurde zur Nektarine. Da den Menschen diese Variante gefiel, züchteten sie die Nektarine anschließend absichtlich und seitdem gibt es sowohl Pfirsiche als auch Nektarinen.

> PFLAUMEN

Pflaumen wachsen an Pflaumenbäumen. Sie vertragen ein gemäßigtes Klima, wie wir es hier in Deutschland haben. Die meisten Pflaumen, die bei uns geerntet werden, kommen aus Baden-Württemberg und aus Rheinland-Pfalz. Es gibt viele verschiedene Sorten – manche sind schon im Juli reif und manche erst später, im September und Oktober. Während der übrigen Monate kann man sogenannte Importpflaumen kaufen. Die kommen dann aus Spanien, Italien, Osteuropa oder auch Afrika, wo es wärmer ist als bei uns.

> UND WAS IST DER WEIßE BELAG AUF PFLAUMEN?

Der weiße Belag schützt die Pflaume vor dem Austrocknen. Er wird auch Duftfilm genannt und entsteht, wenn Tauwasser auf der Pflaume verdunstet. Wasch ihn daher erst ab, bevor du die Pflaume essen möchtest.

PFLAUMEN, ZWETSCHEN ODER ZWETSCHGEN?

Übrigens: Ob man Pflaumen, Zwetschgen oder Zwetschen sagt, hat etwas mit der Gegend zu tun, aus der man kommt. So sagen die Süddeutschen meist Zwetschge oder Zwetsche und die Norddeutschen Pflaume. Sie meinen dabei aber alle die gleiche Frucht. Wenn man es ganz genau nimmt, sind Zwetsch(g)en eine Unterart der Pflaume. Aber eine echte Definition gibt es dafür eigentlich nicht.

> APRIKOSEN

Frische Aprikosen gibt es in Deutschland den ganzen Sommer über. Die meisten Aprikosen weltweit werden allerdings in Usbekistan und der Türkei geerntet. Dort werden viele Früchte entsteint und anschließend getrocknet. Die Türkei ist so spezialisiert auf die Herstellung von getrockneten Aprikosen, dass wir auch in Deutschland fast alle getrockneten Aprikosen von dort bekommen.

ZITRUSFRÜCHTE

Zu Zeiten von Königen und Fürsten galt es als besonders schick, sich Zitrusbäume zur Zierde in einen Wintergarten zu stellen. Seefahrer und Händler hatten die Pflanzen in China und Vorderasien entdeckt und in ihre Heimat mitgebracht. Als Zitrusbäume bezeichnet man Pflanzen, an denen Früchte wie Orangen, Mandarinen und Zitronen wachsen. Und in Wintergärten wurden sie gestellt, weil Zitrusbäume nur bei warmen Temperaturen wachsen und überleben können. Diese speziellen Wintergärten nannte man dann „Orangerien" und bewunderte die Pflanzen für ihre Schönheit und ihren Duft.

Heute gibt etwa 1600 verschiedene Arten von Zitrusfrüchten, die in vier Gruppen eingeteilt werden: Grapefruits, Mandarinen, Orangen und Zitronen. Alle Zitrusfrüchte haben eine gelb oder orangefarben gefärbte Gewebeschicht, die direkt unter einer wachsartigen Haut liegt. Dort sind Drüsen mit stark duftenden Substanzen enthalten, den sogenannten ätherischen Ölen.

❯ REIFEN UND LAGERN

Zitrusfrüchte brauchen je nach Sorte unterschiedlich lang, bis sie reif sind: Bei manchen dauert es sechs Monate, bei anderen bis zu 18 Monate. Normalerweise werden die Früchte geerntet, sobald sie reif sind. Mandarinen beispielsweise

müssen zügig gepflückt werden, damit sie nicht verderben. Nach dem Pflücken reifen sie dann nicht mehr nach. Orangen hingegen können bis zu 14 Monate am Baum hängen, ohne dass sie überreif oder schlecht werden. Man kann sie sozusagen am Baum lagern!

➤ DIE BEHANDLUNG NACH DEM PFLÜCKEN

Nach dem Pflücken bleiben die Zitrusfrüchte noch fünf Tage lang liegen. In dieser Zeit verlieren sie etwas Wasser, ihre Schale wird dadurch fester und widerstandsfähiger. Anschließend kommen sie in eine Art Waschanlage, in der sie gewaschen, gebürstet und sortiert werden.

Wenn Früchte noch grüne Flecken auf der Schale haben, werden sie in einem Ausfärberaum mit Ethylen behandelt. Ethylen ist ein Gas, das als natürliches Reifehormon eingesetzt wird: Die grünen Flecken werden orangefarben oder gelb, so als wären sie natürlicherweise weitergereift. Schließlich nehmen die Zitrusfrüchte noch ein Bad mit Stoffen gegen Fäulnis und Pilzbefall. Da die natürliche Schutzschicht der Früchte im Wasserbad entfernt wird, bekommen sie zum Schluss wieder einen künstlichen Überzug verpasst. Dieser besteht zum Beispiel aus Bienenwachs oder Schellack und wird aufgesprüht. Dann endlich sind die Früchte transportbereit!

PROBIER DOCH MAL

Das Orangenschalenfeuerwerk

Bitte einen Erwachsenen um Hilfe!

Dazu brauchst du:
➤ *Orangen- oder Zitronenschale (möglichst große Stücke)*
➤ *1 Kerze im Halter*
➤ *Feuerzeug oder Streichhölzer*

So funktioniert's:
Stell die Kerze sicher auf einen Tisch und zünde sie an. Jetzt nimm ein Stück Orangen- oder Zitronenschale und halte es mit der Außenseite in die Nähe der Kerzenflamme. Knicke das Schalenstück schnell zusammen, sodass feine Tröpfchen aus der Schale in die Flamme spritzen.
Wenn die Tröpfchen in die Flamme gelangen, gibt es ein kleines Feuerwerk!
Und warum? Die ätherischen Öle in der Zitrusschale sind brennbar – wenn du die Schale knickst und das „Duft-Öl" in die Flamme spritzt, verbrennt es darin.

EXOTISCHES OBST

Warst du schon mal in den Tropen? Das sind die Länder rund um den Äquator in Südamerika, Afrika oder Asien. Zu ihnen gehören zum Beispiel Ecuador, Brasilien, Kenia, Somalia oder Indonesien. Das Klima dort ist immer warm und feucht und damit perfekt für tropische Früchte: Bananen, Ananas, Avocados und Melonen sowie auch die Papaya, Mango und Sharon wachsen hier.

Allerdings ist dir bestimmt schon aufgefallen, dass diese tropischen Früchte ganz unscheinbar bei uns im Supermarkt neben den Äpfeln und Birnen liegen. Heutzutage musst du also nicht lange in den Süden reisen, um sie essen zu können. Denn die lange Reise haben die Früchte selbst schon hinter sich, oft mit einem Schiff oder manchmal auch mit dem Flugzeug.

> EXOTISCH WIE BAUMKÄSE

Ein echter Exot unter den tropischen Früchten ist die Durianfrucht, auch Stinkfrucht genannt. Stinkfrucht hört sich nicht so verlockend an, oder? Dabei schmeckt diese grünschalige ovale Frucht, die rundherum mit dicken Stacheln besetzt ist, ganz wundervoll. Sie hat butterfarbenes Fruchtfleisch mit einem Geschmack nach Vanillepudding, etwas Karamell und Frischkäse. Dass sie trotz allem nicht so gut riecht, hat ihr auch den Spitznamen Baumkäse eingebracht.

> DIE ANANAS

Auch ein Exot, aber den meisten wohlbekannt, ist die Ananas. Sie wird auf riesigen Plantagen angebaut und per Hand geerntet. Fast jede zweite Ananas weltweit kommt aus Costa Rica. Dort ist die Anbaufläche für das Obst so groß wie 50 000 Fußballfelder.

Damit die Ananas lecker schmeckt, muss sie genau zum richtigen Zeitpunkt geerntet werden: nämlich dann, wenn sie richtig reif ist. Anders als Bananen reifen Ananas nach dem Pflücken nicht mehr weiter. Deshalb geht es sofort nach der Ernte auf ein Containerschiff Richtung Deutschland.

Damit die reife Frucht die Fahrt unbeschadet übersteht, wird sie in eine Art Tiefschlaf versetzt, in den sie bei einer Lagertemperatur von sieben Grad Celsius fällt. Bei gutem Wetter dauert die Überquerung des Atlantiks von der Karibik bis nach Europa etwa zwölf Tage.

❯ MANCHE FRÜCHTE KOMMEN PER FLUGZEUG

Einige der schnell verderblichen Obstsorten wie Drachenfrucht, Papaya oder Mango, kommen per Flieger nach Europa. Die Mango zum Beispiel verträgt die Schiffsreise oft nicht so gut und schmeckt dann ein wenig fade. Die Flugmangos hingegen sind viel farbiger und schmecken intensiv. Sie werden erst dann gepflückt, wenn sie wirklich reif sind, da der Transport mit dem Flugzeug so schnell geht. Allerdings kosten sie dann im Supermarkt etwa fünfmal mehr als Schiffsmangos. Eingeflogene Früchte machen aber nur einen sehr kleinen Teil der hier angebotenen Früchte aus. Denn der Transport ist teuer und das Fliegen schadet der Umwelt.

Beim Transport mit dem Flugzeug entstehen pro Kilogramm transportiertem Lebensmittel 50- bis 100-mal mehr Treibhausgase als bei einem Schiffstransport – es schadet der Umwelt also sehr viel mehr.

❯ MELONEN-ERNTE

Bei Melonen kommt es auf die Jahreszeit an, ob sie eine lange oder eher kurze Reise hinter sich haben. Im Sommer ist Erntezeit in Spanien und der Weg zu uns entsprechend kurz. Im Winter allerdings kommt das tropische Gewächs aus Afrika. Richtig gut schmecken Melonen nur, wenn sie reif gepflückt wurden. Vielleicht ist das der Grund, warum wir Melonen im Sommer viel lieber mögen als im Winter. Die spanischen Melonen werden von der Satdt Murcia mit dem Lkw in das circa 2 000 Kilometer entfernte Frankfurt gebracht. Das dauert etwa zwei Tage. Von dort werden sie in große Lager verteilt, um dann direkt in die Supermärkte gebracht zu werden.

BANANEN – DIE WEIT GEREISTEN

Schau dir eine Banane einmal genau an: Sie ist ganz schön empfindlich! Drückt man sie zu fest, entsteht sofort eine Delle oder eine braune Stelle. Wie kommt so ein sensibles Ding eigentlich von Südamerika bis in unseren Supermarkt, ohne dabei gequetscht zu werden?

❯ EIN EMPFINDLICHES FRÜCHTCHEN

Das geht nur, weil von der Ernte bis zum Supermarkt jeder Handgriff sitzt. Es beginnt auf den großen Plantagen in Ecuador, wo sich die Bananenstauden bei tropischem Klima wohlfühlen. Die Plantagenarbeiter schneiden die schweren und noch unreifen Bananenbüschel gekonnt mit einer Machete ab. Natürlich lassen sie sie nicht auf den Boden fallen, sondern fangen sie auf und transportieren sie wie rohe Eier zu den Packstationen.

Dort werden die Bananenbüschel zerteilt. Mindestens vier Bananen bleiben am Stück zusammen. Sie sind in diesem Zustand apfelgrün und schmecken ähnlich unappetitlich wie rohe Kartoffeln. Verpackt in Kartons geht es nun bis zum Hafen – das darf höchstens 36 Stunden dauern! – und dort in große Kühlschiffe. Hier werden die Bananen bei einer Temperatur von 12,5 Grad Celsius in eine Art Winterschlaf versetzt. Die nächsten zwei Wochen etwa können sie unbeschadet in diesem Zustand bleiben, während das Containerschiff den Atlantik überquert und in Norddeutschland, Bremerhaven, anlegt.

> AB IN DIE REIFEREI

Die apfelgrünen Bananen müssen jetzt noch eine weitere Station durchlaufen: die Bananenreiferei. Dort werden die schlafenden Früchte mit warmer Luft geweckt. Beim Aufwachen fangen sie automatisch an zu reifen und nichts kann sie jetzt mehr aufhalten. Damit alle Bananen gleichzeitig reif werden und alle die gleiche hellgrün-gelbe Farbe bekommen, werden sie in der Reiferei mit Ethylen besprüht. Das ist ein natürliches Reifegas, das die Bananenstaude in der Natur auch selbst entwickelt hätte. In der Reiferei kann man das Reifen damit genau steuern.

> FAIR GEHANDELTE BANANEN

Ist dir schon mal dieses Zeichen aufgefallen? Es ist ganz oft auf Bananen zu sehen. Es geht dabei um einen gerechten Handel – auf Englisch „Fair Trade".

Ein Handel wird dann als gerecht bezeichnet, wenn auch alle Menschen, die bei der Herstellung des Produkts mitmachen, gerecht behandelt und bezahlt werden. Leider ist das nicht selbstverständlich.

Viele Menschen, die zum Beispiel in Mittel- und Südamerika auf Bananenplantagen arbeiten, bekommen für ihre Arbeit nur einen sehr geringen Lohn, von dem sie ihre Familien kaum versorgen können. Doch die Plantagenbesitzer können oft nicht mehr zahlen, weil sie selbst nicht so viel an den Bananen verdienen. Mit dem „Fair Trade"-Zeichen schließen die großen Handelsunternehmen einen Vertrag mit den Plantagenbesitzern darüber, dass sie einen gerechten Preis bezahlen.

PROBIER DOCH MAL

Wusstest du, dass man Bananenschalen essen kann? Ja, das geht – allerdings solltest du nur eine Bio-Bananenschale essen, die nicht mit Pflanzenschutzmittel behandelt wurde. Koche die Schale etwa zehn Minuten lang, bis sie schön weich wird. Jetzt kannst du sie für Smoothies, Currys oder Pfannkuchen verwenden. Probieren lohnt sich! Übrigens gibt es ganz viele Obst- und Gemüsesorten, bei denen man praktisch alles mitessen kann, von der Wurzel bis zum Blatt: Melone, Kürbis, Kohlrabi und Radieschen sind Beispiele dafür. Rezeptideen findest du im Internet.

EXOTISCHES GEMÜSE: TIPPS UND LECKERE IDEEN

Bist du ein Entdeckertyp? Hast du Lust, mal etwas ganz Neues kennenzulernen? Auch wenn viele exotische Gemüse- und Obstsorten inzwischen normal für uns sind, gibt es auch solche, für die man in deutschen Supermärkten ein bisschen auf die Suche gehen muss. Hier stellen wir dir ein paar von ihnen vor!

❯ DIE OKRA

Die Okra kommt ursprünglich aus Afrika, wächst aber heute auch in vielen anderen Ländern. Nach Deutschland wird sie vor allem aus Kenia und Thailand, aber auch aus Mittelamerika importiert. Die Schoten der Okra werden Fruchtkapseln genannt. Ähnlich wie bei einer Paprikaschote siehst du in ihnen viele weiße Samen. Okra-Schoten werden unreif geerntet und haben eine grüne, dicht behaarte Schale. Und wie schmecken sie? Das kommt ganz darauf an, wie du sie zubereitest. Da beim Kochen eine schleimige Flüssigkeit austritt, sind sie für Eintöpfe besonders geeignet.

❯ DIE LOTUSWURZEL

Hierzulande recht unbekannt, in Asien seit Jahrhunderten ein Hit: die Lotuswurzel. Wie ihr Name schon verrät, handelt es sich dabei um die Wurzel der Lotuspflanze, einem Seerosengewächs. Besonders auffallend und hübsch anzusehen ist das dekorative Lochmuster der Wurzel. Aber auch ihr Geschmack ist besonders: Frisch angeschnitten erinnert sie an den Geschmack von Champignons, mit einem Hauch herrlicher Süße. Wird sie gegart, verändert sich ihr Geschmack und ähnelt dem einer Kartoffel. Besonders gut schmeckt die Wurzel, wenn sie in etwas Zitronenwasser gegart wird. Kandierte Scheibchen sind ein leckerer Nachtisch.

▶ DIE KOCHBANANE

Die Kochbanane ist in Afrika ein Grundnahrungsmittel. Sie wird gegessen wie eine Kartoffel und macht auch genauso satt. Gekocht ist sie leicht süßlich, so wie eine Möhre. Bei uns im Supermarkt gibt es manchmal Kochbananen aus Mexiko. Ein Tipp für dich: Gebratene Kochbananenscheiben mit ein bisschen Chili – köstlich!

▶ DIE ARTISCHOCKE

Die Artischocke ist eine Distelpflanze, die aus Ländern rund um das Mittelmeer stammt. Essen kann man nur den unteren, fleischigen Teil der Blütenblätter und den Blütenboden. Dazu gibt es einen leckeren Dip, in den man jedes abgezupfte Blütenblatt tunkt. Vor allem in Frankreich und Italien wird die Artischocke als Delikatesse zubereitet. Probier es mal aus – es macht Spaß, aus dem Gemüse etwas Besonderes zu machen!

▶ DER PAK CHOI

Der Pak Choi ist verwandt mit dem Chinakohl. Er kommt aus dem Fernen Osten und wird hauptsächlich in China, Korea, Japan und Taiwan angebaut. Aber er wächst auch bei uns sehr gut. Vor allem in den Niederlanden wird Pak Choi schon länger angebaut, allerdings in Gewächshäusern. Man kann Pak Choi als Salat essen oder in Stücke geschnitten und kurz angebraten. Mit etwas Salz, Pfeffer und Sojasoße schmeckt er knackig und frisch.

GETREIDE

Unter dem Begriff Getreide verstehen wir Pflanzen, die wegen ihrer Körner angebaut werden. Diese Körner verwendet die Pflanze selbst als Vorratsspeicher. Und wir Menschen nutzen sie, um daraus Lebensmittel herzustellen. Da in den Körnern viel Stärke steckt, kann daraus viel Energie gewonnen werden. In Deutschland gehören Weizen, Gerste, Hafer und Roggen zu den wichtigsten Getreidearten. In Amerika ist es vor allem der Mais, in Asien der Reis und in Afrika die Hirse. Allen Getreidesorten gemeinsam ist der Aufbau des Korns mit einem Stärkekern (Mehlkörper), einem Keimling und einer Schale, die aus mehreren Lagen besteht.

Aber welche Lebensmittel werden denn nun aus Getreide hergestellt? Brot zum Beispiel, Nudeln, Müsli und Popcorn. Aber auch Schnaps und Bier. Und Tacos, Pizza und Pfannkuchen bestehen ebenfalls zu einem großen Teil aus Getreide. Nicht zuletzt bekommen auch viele Tiere – Kühe, Schweine und Hühner zum Beispiel – Getreide zu fressen.

> VOM KORN ZUM BROT

Und wie funktioniert das jetzt, vom Korn zum Brot? Fangen wir mal ganz vorne an, nämlich dort, wo das Getreide wächst: auf dem Feld.

Im Juli ist es so weit – die ersten großen Mähdrescher sind zu sehen. Sie können auf dem Feld gleich mehrere Dinge: Erstens schneiden sie die Getreidehalme kurz über dem Boden ab. Und zweitens dreschen sie die Körner aus ihren Ähren. Danach wandern die Körner in den Speichertank der Maschine und die Getreidehalme werden klein gehäckselt wieder auf dem Feld verteilt. Das alles macht der Mähdrescher.

> SORGFÄLTIGE SÄUBERUNG

Jetzt wird das Getreide vom Feld zur Mühle transportiert. Da es voller Sand, kleiner Steinchen, Unkrautsamen, Metallteile oder Teile anderer Pflanzen ist, wird es dort zunächst ordentlich gereinigt. Es wird gerüttelt und gesiebt, gebürstet – und das ganz automatisch und computergesteuert in einer Getreidemühle.

> MAHL-ZEIT

Beim nächsten Schritt – dem Mahlen – entsteht das Mehl. Dazu muss zuallererst die Schale des Korns entfernt werden. Auch der Keimling ist in weißem Mehl nicht erwünscht. Beides wird deswegen durch mehrmaliges Walzen und Sieben abgetrennt und heraussortiert. Am Ende entsteht ein feines, weißes Mehl, das für das Backen von Kuchen, Nudeln, Brötchen und vielem mehr verwendet wird – und natürlich auch für Brot!

> VOLLKORN

Neben dem feinen weißen Mehl gibt es auch das Vollkornmehl. Es wurde bei der Herstellung so bearbeitet, dass Schale und Keimling des Korns enthalten bleiben. Dadurch schmeckt es kräftiger und enthält gesunde Nährstoffe. Das macht sich auch am Geschmack des Lebensmittels bemerkbar, das du aus Vollkornmehl backst. Du hast bestimmt schon mal Vollkornbrot und auch mal Weißbrot gegessen?

GETREIDE AUS ASIEN: REIS

Für etwa die Hälfte aller Menschen auf der Welt ist Reis das wichtigste Nahrungsmittel. Die Menschen, für die das gilt, leben vor allem in Asien. Aber auch in Afrika wird viel Reis angebaut. Der Reisanbau ist sehr harte Arbeit, bei der noch viel mit der Hand erledigt wird. Insgesamt gibt es etwa 8 000 verschiedene Reissorten. Reispflanzen brauchen zum Gedeihen meist die Wärme und Feuchtigkeit eines subtropischen Klimas.

REIS BRAUCHT NASSE FÜSSE

Wenn wir Reisfelder im Fernsehen oder auf Bildern sehen, stehen sie meist unter Wasser. Das geschieht in voller Absicht, denn die meisten Reissorten gedeihen erst auf diese Weise. Der große Vorteil bei dieser Art anzubauen ist, dass Unkraut und am Boden lebende Schädlinge erst gar keine Chance haben, den Reis zu schädigen. Es gibt aber auch Gegenden, in denen Reis als sogenannter Trockenreis angebaut wird – nämlich im Gebirge oder in trockeneren Gegenden.

WIE ENTSTEHT EIN REISFELD?

Der erste Schritt beim Reisanbau ist das Säen der Reissamen auf einem Pflanzfeld. Dort wachsen die Reispflänzchen zu Setzlingen heran. Gleichzeitig wird das spätere Reisfeld schon vorbereitet: Es wird überflutet und anschließend gepflügt. Sobald die Setzlinge auf dem Pflanzfeld kräftig genug sind, werden sie per Hand auf das überflutete Reisfeld umgepflanzt. In den folgenden etwa fünf Monaten ist es wichtig, dass immer genug Wasser auf dem Feld steht, denn nur so können die Reispflanzen gut gedeihen. Für die Ernte schließlich wird das Reisfeld trockengelegt und die Reishalme mit einer Sichel in Büscheln abgeschnitten.

Nun geht es zum Reisdreschen. Das ist ein Vorgang, bei dem die Reiskörner aus der Pflanze herausgetrennt werden. Hier entsteht sogenannter Rohreis oder Paddy-Reis – noch ist er von einer Schutzhülle umgeben und ungenießbar.

In der Reismühle wird nun die Schutzhülle entfernt und es entsteht der Vollkornreis – auch Braunreis oder Cargo-Reis genannt. Als Vollkornreis kann das Getreide jetzt gut transportiert werden, zum Beispiel nach Europa.

Als letzter Schritt zum geschälten Reis, wie er bei uns am liebsten gegessen wird, wird seine Schale entfernt und der Reis oft sogar noch poliert.

GETREIDE AUS AMERIKA: MAIS

Mais ist die Getreideart, von der weltweit am meisten geerntet wird. Sie ist außerdem das wichtigste Futtergetreide für unsere Nutztiere, wie zum Beispiel Rinder, Schweine und Geflügel. Ein Teil der Maisernte wird auch zu Biodiesel verarbeitet – also nicht als Lebensmittel benutzt. Schließlich wird Maisstärke auch zu sogenanntem Bio-Plastik verarbeitet, einem Kunststoff, aus dem Lebensmittelverpackungen gemacht werden. Den Rest der Maisernte essen wir Menschen, und zwar in Form von Cornflakes, Maisgrieß, Popcorn und Stärke.

In den USA wird Mais als „corn" bezeichnet. Es ist dort das am meisten angebaute Getreide. Bei uns in Deutschland ist der Mais die zweitwichtigste Pflanze auf dem Acker, sie kommt gleich nach der Nummer eins, dem Weizen.

▶ ZUCKERMAIS IST NUR HALB REIF

Eine andere Sorte Mais ist der Zucker-
mais, der als Gemüse gegessen wird.
Entweder als Maiskolben mit ein
wenig Butter oder als Gemüse-
mais in Salaten oder auf Pizza.
Zuckermaiskolben werden geerntet, wenn sie erst halb reif sind,
das nennt man „milchreif".

MACH DOCH MAL

Popcorn!

Dazu brauchst du:
- Mais (als spezielle Sorte gibt es Popcorn-Mais
  im Supermarkt zu kaufen)
- Öl
- Eine Pfanne mit Deckel
- Zucker oder Salz

Und so geht's:
1. Gib Öl und Mais in die Pfanne, gerade so, dass der Boden bedeckt ist.
2. Zuckere oder salze den Mais.
3. Setze den Deckel auf die Pfanne und
   erhitze den Mais.

> Bitte einen Erwachsenen um Hilfe!

Und was passiert?
Wenn sich die Maiskörner erhitzen, wird das
in ihnen enthaltene Wasser zu Dampf.
Der Wasserdampf wiederum dehnt sich aus
und der Druck im Korn nimmt zu. Irgendwann gibt die Schale
unter dem Druck nach und das ganze Maiskorn explodiert:
Fertig ist dein Popcorn!

KARTOFFELN

Vor langer Zeit, etwa zum Ende des 15. Jahrhunderts, kamen die ersten Kartoffeln aus Südamerika nach Europa. Sie waren nicht gleich beliebt bei uns, weil hier keiner so recht wusste, was man damit machen sollte.

Aber inzwischen sind Kartoffeln eigentlich bei jedem beliebt, oder? Das liegt vielleicht daran, dass man so viel Verschiedenes aus ihnen machen kann: Pommes frites und Chips zum Beispiel. Oder Kartoffelknödel, Püree und Bratkartoffeln. Und auch die leckeren Salzkartoffeln oder der Kartoffelsalat werden gern gegessen. Du siehst schon: Die Kartoffel ist eines unserer wichtigsten Grundnahrungsmittel überhaupt.

❯ AB AUFS KARTOFFELFELD

Im April oder Mai werden Saatkartoffeln mit einer Kartoffellegemaschine in die Erde gelegt. Der Boden darf dabei nicht zu nass und nicht zu kalt sein – am besten sind acht bis zehn Grad Celsius. Frost können Kartoffeln gar nicht vertragen! Trotzdem sollen die Frühkartoffeln aber so früh im Jahr wie möglich gepflanzt werden, denn desto eher sind sie auch reif. Etwa im Juni kommen sie dann in den Supermarkt.

Du erkennst sie an ihrer goldfarbenen feinen Schale, die man gut mitessen kann. Die mittel- und spätreifenden Kartoffeln wachsen bei uns so, dass du sie im August oder September kaufen kannst. Und die importierten Kartoffeln aus dem Süden Europas sowie dem Norden Afrikas? Die sind schon früh im Frühling bei uns im Angebot.

❯ ERNTEHELFER

Bevor Kartoffeln aus dem Ausland importiert wurden und als es noch nicht so viele Sorten gab, war der Oktober in Deutschland ihre Haupterntezeit. Es gab noch keine modernen Maschinen und die Kartoffelernte war eine sehr mühsame Arbeit. Die Schulkinder haben extra freibekommen, um dabei helfen zu können und die Herbstferien hießen Kartoffelferien.

Heute ist die Ernte durch Züchtung und Anbautechnik auf mehrere Monate verteilt. Moderne Maschinen wie der Kartoffelroder schaffen in wenigen Stunden so viel, wie früher Dutzende Erntehelfer an einem sehr langen Tag. Denn die Maschine kann den gesamten Erddamm mit Erde, Kartoffel und Pflanze aufnehmen und anschließend die Knollen ganz vorsichtig heraussieben, damit sie nicht beschädigt werden.

❯ UND WIE GEHT ES NACH DER ERNTE WEITER?

Nach der Ernte werden die Kartoffeln nach Größe sortiert. Das macht meist eine Rüttelmaschine. Anschließend werden sie in einem keimhemmenden Mittel gebadet, damit sie während der Lagerung nicht zu keimen beginnen. Frisch bleiben Kartoffeln bei vier Grad Celsius und 95 Prozent Luftfeuchtigkeit. So können sie einige Monate gelagert werden.

WEISST DU EIGENTLICH, WIE POMMES ENTSTEHEN?

❯ Zuerst wird sortiert: Nur die großen Knollen mit über 50 Millimeter Durchmesser werden verwendet.

❯ Dann werden sie gewaschen.

❯ Nun wird die Schale mit heißem Dampf gelockert und anschließend von Rundbürsten abgeschrubbt.

❯ Die Kartoffeln werden jetzt mit Wasserdruck durch ein Rastermesser geschossen, wobei ganz viele Kartoffelstäbchen entstehen.

❯ Die Stäbchen werden vorgegart und dann in einem Heißlufttunnel getrocknet.

❯ Anschließend werden sie in Pflanzenöl frittiert.

❯ Und zum Schluss schockgefrostet: Bei minus 37 Grad Celsius werden die Pommes frites tiefgefroren und dann in Beutel verpackt – ab geht's in den Supermarkt!

BOHNEN, ERBSEN UND LINSEN

❯ „JEDES BÖHNCHEN GIBT EIN TÖNCHEN"

Diesen Spruch hast du bestimmt schon mal gehört, oder? Und was hat es damit auf sich?
Bohnen gehören wie Erbsen und Linsen zu den sogenannten Hülsenfrüchten. Die enthalten
besondere Zuckerstoffe, die in unserem Darm von Bakterien verdaut werden. Und wenn
Bakterien etwas verdauen, dann entstehen Gase – das sind die Pupse.
Wer gerne Erbsen, Bohnen oder Linsensuppe mag, der kennt meistens auch das Problem
mit dem Pupsen hinterher. Mal davon abgesehen sind Hülsenfrüchte aber richtig gesund!
Sie enthalten nämlich viel Eiweiß und sind damit sättigender als viele andere Gemüsesorten.

❯ ZIEMLICH KLUG: SELBSTDÜNGENDE PFLANZEN

Wenn man sich die Weltbevölkerung und ihre Nahrung anguckt, liefert Getreide den größten Anteil an unserem täglichen Essen. Schon an zweiter Stelle kommen die Hülsenfrüchte,
allen voran Bohnen. Das gilt allerdings nicht für Deutschland – weder essen wir besonders
viele Hülsenfrüchte noch pflanzen wir viele an. Nur auf etwa einem Zehntel unserer Felder
werden Erbsen, Bohnen oder Linsen angebaut. Schade eigentlich, denn die Hülsenfrüchte
können etwas, was andere Pflanzen nicht können: Sie können sich selber düngen!

KNÖLLCHENBAKTERIEN UND HÜLSENFRÜCHTEWURZELN – DER PERFEKTE DEAL

Wir Menschen brauchen Eiweiß, um zu wachsen. Wir bekommen es zum Beispiel aus Eiern, Fleisch und Fisch aber auch aus Hülsenfrüchten. Damit Pflanzen wachsen können, benötigen sie etwas Ähnliches wie Eiweiß (man kann sagen, einen Baustein davon), nämlich den Stickstoff. Dieser befindet sich zwar in der Luft – doch die Pflanzen brauchen ihn im Boden, damit sie ihn über ihre Wurzeln aufnehmen können. Wie aber kommt der Stickstoff in den Boden? Das geschieht mithilfe von Bakterien, die in den Wurzelspitzen der Hülsenfrüchte leben und Knöllchenbakterien genannt werden. Es sind besondere Bakterien, die Luftstickstoff sammeln und ihn dann der Pflanze anliefern können. Sie selber bekommen im Gegenzug von der Pflanze Schutz und Nahrung. So eine besondere Beziehung heißt Symbiose – jeder hilft dem anderen und bekommt dafür selbst etwas.

ALLE PFLANZEN BRAUCHEN STICKSTOFF

Alle Pflanzen benötigen Stickstoff zum Wachsen, die meisten von ihnen können ihn aber nicht verarbeiten. Das können nur bestimmte Bakterien wie die Knöllchenbakterien. Die Landwirte bauen deswegen Hülsenfrüchte und andere Pflanzen wie Getreide abwechselnd auf dem gleichen Feld an. Der Stickstoff in den Wurzelspitzen bleibt auch nach der Bohnenernte im Boden und kann vom Getreide genutzt werden. Diese Art des landwirtschaftlichen Anbaus nennt man „Fruchtfolge".
Und wenn der Boden nicht genug Stickstoff enthält, muss der Landwirt durch Dünger nachhelfen, damit die Pflanzen wachsen können.

MACH DOCH MAL

Keimlinge zu Hause züchten

Einige Hülsenfrüchte eignen sich sehr gut zur heimischen Zucht: zum Beispiel Sojabohnen, Mungbohnen oder Kichererbsen!

DIE SOJABOHNE

Die Sojabohne gehört ebenfalls zu den Hülsenfrüchten. Oft nennt man sie einfach „Soja". Ursprünglich kommt sie aus China, wird heute aber am meisten in Südamerika angebaut, vor allem in Brasilien und Argentinien.
In Europa wächst Soja unter anderem in Frankreich, Österreich und Deutschland – hier allerdings nur an wärmeren Standorten in Süddeutschland. Die Sojabohnenpflanze hat eine Höhe von etwa einem Meter. In ihren Hülsen befinden sich circa fünf Sojabohnen, die in etwa 100 Tagen heranreifen.

SOJA – WIE KANN ICH ES ESSEN?

Bevor wir sie essen können, müssen Sojabohnen gut zwölf Stunden in Wasser eingeweicht und etwa eine Stunde lang gekocht werden. Im rohen Zustand sind sie nämlich ungenießbar und sogar giftig.

Sojaprodukte sind besonders bei Vegetariern und Veganern beliebt, denn sie enthalten genau wie Fleisch und Fisch viel Eiweiß, sind aber pflanzlich. Außerdem steckt in ihnen auch ein gesundes Öl.

Aus Soja kann man, genau wie aus Kuhmilch, Joghurt, Quark, Käse und sogar Eis herstellen. In den letzten Jahren ist bei uns auch der Sojadrink als Alternative zur Kuhmilch beliebt geworden. Außerdem werden aus Soja Tofu und die pikante Sojasoße hergestellt, die in der asiatischen Küche so beliebt sind. Um Sojaöl herzustellen, wird die Sojabohne gepresst und in Öl und Schrot getrennt. Das Öl kann dann zum Braten und Kochen genutzt werden. Es wird auch Margarine daraus hergestellt. Allerdings machen Lebensmittel nur einen kleinen Anteil von dem aus, was aus Soja so gemacht wird: Fast das ganze Schrot, nämlich über 80 Prozent, wird an Tiere verfüttert.

TIERFUTTER BRAUCHT VIEL FLÄCHE

Viele Landwirte haben zu wenig Ackerboden, um das Futter für ihre Tiere selbst anzubauen. Darum kaufen sie Soja für ihre Schweine, Hühner oder Kühe ein. Denn das Eiweiß in der Sojabohne ist ein besonders gutes Kraftfutter, wodurch Hühner mehr Eier legen und Geflügel, Schweine und Rinder schneller wachsen.

Oft kommt das Soja-Futter dann mit dem Schiff über den Atlantik aus Südamerika bis nach Europa.

Gleichzeitig führt die große Nachfrage nach Soja in Südamerika zu einer Knappheit an Ackerfläche. Aus diesem Grund wird dort mehr und mehr Regenwald abgeholzt, um Platz für Sojaplantagen zu schaffen.

SCHAU DOCH MAL

Kennst du das Logo „Ohne Gentechnik"?

Das Logo ist vor allem auf Milch und Käse, Eiern und manchmal auch auf Fleisch zu sehen. Es bezieht sich auf das Futter der Tiere, aus denen das Produkt entstanden ist: In dem Futter war kein Soja, das durch Gentechnik gezüchtet und verändert worden ist. Anstelle dessen enthielt das Tierfutter solches Soja, das durch andere Zuchtmethoden entstanden ist. Viele Menschen befürchten, dass Gentechnik einen schlechten Einfluss auf die Umwelt, Pflanzen und Tiere haben kann. Gentechnikfreies Soja für Futtermittel kommt allerdings auch aus Südamerika.

BIODIESEL

Aus Sojaöl wird auch Kraftstoff für Autos gemacht: der sogenannte Biodiesel. Bio ist er, weil die Sojapflanze immer wieder nachwächst. Das ist eigentlich gut. Die Gefahr bei der großen Nachfrage nach Soja ist jedoch, dass viel mehr Ackerböden für Tierfutter und für Kraftstoff gebraucht werden anstatt für andere Nahrungsmittel.

MILCH

In Deutschland leben etwa 4,3 Millionen Milchkühe. Gehalten werden sie zum Beispiel in sogenannten Laufställen. Darin haben sie Platz, sich frei zu bewegen, sich hinzulegen, wenn sie möchten, und zu fressen. Zwei- bis dreimal täglich werden sie in einem Melkstand gemolken. Die Kühe suchen ihn auf, wenn ihnen danach ist. Dort wird ihnen vom Melker das Melkzeug angelegt. Eine Pumpe saugt dann im selben Rhythmus am Euter, wie es ein Kälbchen tun würde: einmal pro Sekunde. Die Kuh gibt so während etwa fünf Minuten bis zu zehn Liter Milch.

Manche Kühe werden auch in Anbindeställen gehalten. Hier sind die Kühe die ganze Zeit an ihrem Platz: sowohl zum Fressen als auch zum Schlafen und sogar zum Melken. Für kleine Ställe ist das manchmal praktischer, jedoch schränkt es die Tiere in ihrem natürlichen Verhalten sehr stark ein.

> DER MELKROBOTER

Seit einigen Jahren gibt es immer mehr Melkroboter, die automatisch melken können. Die Tiere gehen selbstständig und wann immer sie möchten in den Melkroboter. Die Maschine ist mit Sensoren ausgestattet und erkennt damit, welche Kuh gerade hereingekommen ist. Sie speichert dann zum Beispiel, wann die Kuh gefressen hat und wie oft sie heute schon im Melkstand war. Der Melkroboter reinigt dann selbstständig die Zitzen der Kuh und legt ihr das Melkzeug an. Nach wenigen Minuten merkt die Maschine, dass der Milchfluss langsamer wird. Zeit, mit dem Pumpen aufzuhören und die Kuh zurück in den Stall zu schicken.

> UND WAS GIBT ES ZU FRESSEN?

Milchkühe brauchen eiweißreiches Kraftfutter, um jeden Tag Milch geben zu können – das ist für sie Hochleistungsarbeit! Einen guten Teil des Eiweißes liefert Gras: entweder in Form von Silage (das ist frisch vergorenes Gras) oder als Heu oder wirklich als Gras direkt von der Weide. Ungefähr die Hälfte unserer Milchkühe können im Sommer ihre Tage draußen verbringen. Neben Gras werden Kühe vor allem mit Mais und Soja gefüttert, damit sie alle Nährstoffe bekommen, die sie zum Milchgeben brauchen.

DIE MÄGEN EINER KUH: VIER AN DER ZAHL!

Kühe sind Wiederkäuer. Wenn sie fressen, schlingen sie das Gras zunächst ziemlich schnell hinunter. Später würgen sie es wieder hoch, um es dann ausgiebig zu zermalmen. Sie haben vier Mägen, die ihnen dabei helfen, die schwer verdaulichen Pflanzenfasern zu zerkleinern und mithilfe von Bakterien zu zerspalten. So entstehen durch mehrmaliges Vorverdauen und Wiederkäuen alle wichtigen Nährstoffe. Damit können Kühe etwas, das Menschen nicht können: Sie leben von rein pflanzlichem Fressen und geben dennoch hochwertige Lebensmittel wie Milch.

⯈ WIE KOMMT DIE MILCH IN DEN SUPERMARKT?

Die frische Kuhmilch wird täglich von einem Kühl-Tanklastwagen beim Landwirt abgeholt. Bereits im Tank des Lastwagens wird die Milch ganz automatisch auf Menge und Fettgehalt gemessen. Anschließend wird sie gekühlt zur Molkerei gefahren.

In der Molkerei

In der Molkerei wird die Milch zunächst gründlich gereinigt. Dafür wird sie in eine Maschine gegeben, die Zentrifuge genannt wird, und darin sehr schnell geschleudert. Durch die so schnelle und kreisförmige Bewegung werden einzelne Bestandteile in der Milch voneinander getrennt. Das ist wichtig, damit zum Beispiel Verschmutzungen aussortiert werden können. Außerdem wird die Milch in Magermilch und Rahm (also Fett) getrennt. Aus dem Rahm werden Sahne und Butter hergestellt. Der Magermilch kann später wieder Rahm hinzugefügt werden, damit sie fettiger wird.

Hitze schützt vor Krankheit

Rohe Milch verdirbt sehr leicht. Auch wenn noch so sauber gearbeitet wird, können auf dem Bauernhof Keime in die Milch gelangen. Diese können nicht nur die Milch verderben, sondern auch denjenigen krank machen, der die Milch trinkt. Aus diesem Grund wird die Milch in der Molkerei erhitzt. Krankheitserreger werden dabei abgetötet und die Milch ist anschließend länger haltbar. Diesen Vorgang nennt man Pasteurisieren. Übrigens: Da jetzt aber noch immer Bakterien in der Milch enthalten sind, solltest du sie stets im Kühlschrank aufbewahren.

> UND WAS WIRD AUS MILCH GEMACHT?

Aus der Milch einer Kuh können verschiedene Milchsorten gewonnen werden: Fettarme Milch enthält zum Beispiel weniger Fett als Vollmilch und die entrahmte Milch. Neben Trinkmilch entstehen in der Molkerei aber auch noch Joghurt, Käse, Butter, Sahne, und viele andere leckere Milchprodukte.

H-Milch

Die sogenannte H-Milch steht im Supermarkt nicht im Kühlregal und ist ungeöffnet auch ohne Kühlung mehrere Monate haltbar. Wie das funktionieren kann? Die Milch wird für sehr kurze Zeit (etwa ein bis vier Sekunden) auf mindestens 135 Grad Celsius erhitzt. So werden sämtliche Bakterien abgetötet. Diese ultrahocherhitzte Milch ist extra lang haltbar, schmeckt aber weniger frisch.

MILCH IN DER VERPACKUNG

Auf einer Milchpackung steht eigentlich alles, was du über die Herkunft der Milch wissen musst: Wie wurde sie verarbeitet? Was sind ihre Inhaltsstoffe? Wer ist verantwortlich für die Qualität? Und wie lange ist sie mindestens haltbar? Außerdem gibt es dort noch das Genusstauglichkeitskennzeichen zu entdecken. Man übersieht es leicht, da es recht unscheinbar ist. Das ovale Zeichen gibt an, in welcher Molkerei die Milch verarbeitet wurde. Das Zeichen ist nicht nur auf Milch, sondern auf allen Lebensmitteln abgebildet, die von Tieren stammen.

JOGHURT

Milchsäurebakterien unter dem Mikroskop

Joghurt ist ein Milchprodukt und Milch seine wichtigste Zutat. Die zweitwichtigste Zutat im Joghurt sind Milchsäurebakterien. Denn ohne sie gäbe es überhaupt keinen Joghurt. Die Bakterien selbst schmecken wir nicht. Aber da sie sich vermehren und dabei Säuren produzieren, sorgen sie erst für den leckeren Geschmack von Joghurt.

› WIE ENTSTEHT JOGHURT?

Zuerst wird Milch gereinigt und vorbehandelt. Dann werden ihr Milchsäurebakterien beigemengt. Je nachdem, ob der Joghurt anschließend eher sauer oder eher mild schmecken soll, gibt es verschiedene Arten von Milchsäurebakterien. Sie haben so exotische Namen wie *Lactobacillus Bulgaricus* oder *Acidophilus*.

Dann wird die Bakterien-Milch bei 42 bis 45 Grad Celsius knapp drei Stunden lang ruhen gelassen. In dieser Zeit vermehren sich die Bak-

terien ganz gewaltig. Dabei wird die Milch langsam immer saurer. Das führt dazu, dass das Milcheiweiß gerinnt – und so der Joghurt mit seiner typischen festen Konsistenz entsteht. Häufig werden nun noch Früchte wie Erdbeeren oder Kirschen, Aromen und Zucker hinzugefügt – fertig ist der Joghurt!

MACH DOCH MAL

Leckeren Joghurt kannst du ganz leicht selbst nach deinem Geschmack kreieren

Und so geht's:
Nimm einen Esslöffel Naturjoghurt (der enthält die Milchsäurebakterien) und verrühre ihn mit 200 Milliliter warmer Milch. Stelle nun das Gemisch über Nacht an einen geschützten warmen Platz: Das kann zum Beispiel der Backofen sein, wenn du ihn vorher auf 60 Grad aufgeheizt und dann wieder ausgeschaltet hast. Am nächsten Tag kühlst du deinen Joghurt und verfeinerst ihn mit Obst oder Marmelade – guten Appetit!

KÄSE

Milch eignet sich auch bestens dafür, Käse herzustellen. Zusätzlich sind zwei weitere Zutaten wichtig: Bakterien, die für den Geschmack sorgen, und Labenyzm, das die flüssige Milch festmacht. Es wird aus den Mägen von Kälbern gewonnen. Heute kann man Lab für manche Käsesorten auch künstlich im Labor herstellen.

Für die Entstehung von Käse wird Lab unter warme Milch gemischt, sodass nach einiger Zeit eine weiße, dickliche Masse entsteht. Diese wird anschließend mit einer sogenannten Käseharfe in viele kleine Würfel geschnitten. Das nennt man den „Käse-Bruch". Je kleiner die Würfel dabei geschnitten werden, umso fester wird später der Käse.

Die Würfel werden nun in eine Form gegeben. Jetzt sehen sie schon wie richtiger Käse aus. Damit der später auch gut schmeckt, wird er noch in ein Salzbad gelegt. Dort entsteht auch die typische Käserinde. Nun muss der Käse nur noch liegen, also reifen. Das dauert zwischen einer Woche und mehreren Monaten. Je länger ein Käse reift, desto kräftiger ist später sein Geschmack. Es gibt sehr viele verschiedene Käsesorten und alle schmecken anders.

SCHWEINEFLEISCH

Jeder Deutsche isst im Durchschnitt 36,2 Kilogramm Schweinefleisch pro Jahr. Für Deutschland ist die Produktion von Schweinefleisch besonders wichtig. Denn hier wird nicht nur das Fleisch produziert, das in Deutschland gegessen wird. Darüber hinaus wird ein großer Teil des Schweinefleischs in die ganze Welt exportiert. Damit verdienen viele deutsche Landwirte ihr Geld.

> WEISST DU, WIE SCHWEINEFLEISCH ENTSTEHT?

Viele Landwirte in Deutschland halten Schweine. Weil sie ihr Geld damit verdienen, dass diese Schweine später geschlachtet und als Fleisch verkauft werden, geht es in der Schweinezucht ziemlich praktisch zu. Für die Landwirte ist es wichtig, dass ihre Schweine schnell wachsen und zunehmen. Aber fangen wir mal von vorne an:

Wenn eine Sau trächtig, also schwanger ist, dauert es etwa 115 Tage, bis ihre Ferkel geboren werden. Rund eine Woche vorher wird die Muttersau in die sogenannte Abferkelbucht gebracht – hier bringt sie nun ihre Ferkel zur Welt. In der Fachsprache hat die Sau „Abferkeltermin".

In der Regel besteht ein Wurf aus etwa zwölf kleinen Ferkeln. Drei bis vier Wochen lang werden sie von der Muttersau gesäugt. Anschließend soll die Sau wieder schwanger werden und die Ferkel kommen in einen neuen Stall: den Ferkelstall. Hier werden die Ferkel aufgezogen, bis sie alt und schwer genug sind für den Maststall.

WAS IST DAS EIGENTLICH: „MÄSTEN"?

Viele Tiere werden gemästet. Das bedeutet, dass sie besonders viel Futter bekommen, um möglichst schnell möglichst viel Muskelfleisch anzusetzen. Das Schweinefutter besteht überwiegend aus heimischem Getreide und eiweißreicher Nahrung wie Sojaschrot. Es ist damit sehr hochwertig. Landwirte wollen, dass ihre Tiere gemästet werden, damit sie schnell dick genug sind, um geschlachtet zu werden.

Im Maststall bleiben die Schweine, bis sie etwa sechs Monate alt sind. Sie haben dann ihr Schlachtgewicht erreicht.

Nun werden sie in Transportlastwagen zum Schlachthof gefahren. Es gibt Vorschriften dafür, wie lang diese Fahrt höchstens sein darf, wie viel Platz die Schweine im Laster haben müssen und wie oft ihnen Wasser oder Futter gegeben wird. Denn die Schweine sollen nicht unnötig viel Stress erleiden. Leider werden die Vorschriften aber nicht immer eingehalten.

Es ist auch vorgeschrieben, dass die Tiere vor dem Schlachten betäubt werden. Damit sollen die Schmerzen und Leiden der Schweine so gering wie möglich gehalten werden.

GUCK DOCH MAL

Schweinefleisch in der Verpackung

Auf der Verpackung muss alles stehen, was für dich wichtig ist. Da findest du zum Beispiel, wie lange das Fleisch haltbar ist, oder häufig auch, bis wann es verbraucht werden muss. Dort steht, wie das Fleisch gelagert werden soll und was die genauen Bestandteile sind. Aber findest du auch den Hinweis, wo das Fleisch genau herkommt? Die Orte der Schweineaufzucht und der Schlachtung müssen auf jeder Verpackung stehen – such sie mal!

GEFLÜGELFLEISCH

Unter Geflügel verstehen wir mehrere Vogelarten, die von Menschen gegessen werden: zum Beispiel Hühner, das Truthuhn (bekannter meist als Pute), Ente oder Gans, das Perlhuhn, die Wachtel oder den Fasan.

Hühnchenfleisch ist sehr beliebt. Wusstest du, dass jeder Deutsche im Durchschnitt etwa sechs Hähnchen im Jahr isst? Egal ob als Schenkel, Flügel, Brustfilet, Geschnetzeltes oder Nuggets, Hühnchenfleisch schmeckt zart und ist sehr vielseitig. Wenn du es isst, solltest du es mit Genuss tun und in dem Wissen, dass Fleisch ein wertvolles Lebensmittel ist.

❯ HÜHNERHALTUNG

Sehr viele Hühner werden von Menschen gehalten, um später geschlachtet und zu essbarem Fleisch verarbeitet zu werden. Dafür leben die meisten von ihnen in großen Gruppen und häufig in Ställen.

Den Landwirten ist dann besonders wichtig, dass die Tiere schnell zunehmen und ihr Futter gut verwerten.

In freier Natur würden Hühner eigentlich alles fressen, was sie beim Scharren und Picken so finden können: Insekten, Würmer, Gras und Körner. In der Haltung bekommen Hühner stattdessen einen Futtermix, durch den sie so schnell wie möglich an Gewicht zulegen. Als Hauptzutaten gibt es Getreide wie Weizen und Mais. Dazu werden Soja-, Raps- und Sonnenblumenschrot gefüttert. Und damit die Tiere noch schneller zunehmen, gibt es einen Futterzusatz aus Aminosäuren – das sind die kleinsten Eiweißbestandteile für den Muskelaufbau. Diese Art des Fütterns sorgt dafür, dass die Hühner innerhalb von fünf bis sieben Wochen 50-mal mehr wiegen, als zum Zeitpunkt ihrer Geburt.

► UMSTRITTENE TIERHALTUNG

Tierschützer sehen die Haltung von Geflügel sehr kritisch. Denn in den Ställen haben die meisten Tiere sehr wenig Platz: Gegen Ende der Mastzeit teilen sich etwa 20 Tiere einen Quadratmeter Stallboden. Puten haben am Ende ihrer Mastzeit sogar noch weniger Platz als Hühner. Diese Enge bringt einige Probleme mit sich: Wenn die Tiere so eng zusammenleben, stecken sie sich leichter gegenseitig mit Krankheiten an. Das führt dazu, dass sie viele Medikamente bekommen müssen. Auch ist das Mästen sehr anstrengend für das Geflügel: Die schnelle Gewichtszunahme bedeutet, dass die Knochen das neue Gewicht kaum tragen können. In der Putenmast werden die Schnäbel der Tiere außerdem häufig ohne Betäubung gekürzt.

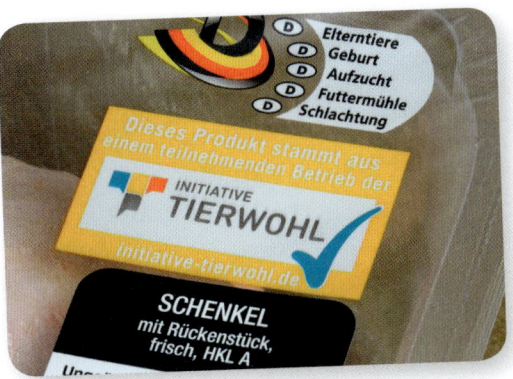

► ES GEHT AUCH ANDERS!

Im Supermarkt findet man immer häufiger sogenannte Tierwohlkennzeichen. Diese Zeichen machen darauf aufmerksam, dass sich der Landwirt um das Wohl der Tiere während der Aufzucht bemüht. Die Zeichen haben oft mehrere Stufen, die anzeigen, ob das Tier in besseren Bedingungen als seine Artgenossen aufgewachsen ist. Das Fleisch kann dadurch etwas teurer sein, denn bessere Bedingungen kosten den Landwirt mehr Geld. Aber: Je mehr Menschen für eine bessere Aufzucht der Tiere stimmen, desto eher lohnt es sich für Landwirte, ihre Ställe umzubauen und eine bessere Geflügelhaltung umzusetzen.

FAKTEN: GEFLÜGEL IN DEUTSCHLAND

> Bestand: circa 177 Millionen Tiere
> Betriebe mit Geflügelhaltung: circa 56 600 mit Hühnerhaltung und 9 000 mit anderem Geflügel wie Puten, Enten und Gänsen
> Jährlich geschlachtete Tiere: 701 Millionen
> Jährliche Produktion: circa 1,5 Millionen Tonnen Fleisch

EIER

Was meinst du, wie viele Eier jeder Deutsche pro Jahr isst? Es sind ungefähr 230 Stück – das macht etwa 19 000 000 000, also 19 Milliarden Eier, die in Deutschland während eines Jahres verbraucht werden! Die meisten dieser Eier kommen aus Deutschland, einige auch aus den Niederlanden. Sie werden dafür in großen Betrieben produziert, in

denen etwa 10 000 bis 30 000 Hennen leben. Die Eier-Industrie ist also ziemlich modern und das Eierlegen der Hennen erfolgt in großem Stil.

❯ DIE EIERPRODUKTION

Bevor du dein Frühstücksei genießen kannst, muss eine ganze Menge Arbeit erledigt werden. Ja klar: Das Huhn legt das Ei, der Landwirt sammelt es ein und der Supermarkt verkauft es dann? Genau – aber das ist nur ein Teil der Produktionskette. Denn es gibt heutzutage verschiedene Betriebe, die auf unterschiedliche Teile dieser Kette spezialisiert sind.

❯ FÜNF STATIONEN FÜR UNSERE HÜHNEREIER:

1 **Der Zuchtbetrieb:** Hier möchte man gezielt Hühner züchten, die mal sehr viele Eier legen werden. Dafür kommen vor allem Hühner infrage, die gute Gene für das Eierlegen haben.

2 **Vermehrung:** Die gezüchteten Hühner legen befruchtete Eier, aus denen später die sogenannten Legehennen schlüpfen sollen. Wichtig ist, dass an die Legehennen das Gen für das viele Eierlegen weitervererbt wird.

3 **Brütereien:** Hier werden die befruchteten Eier ausgebrütet. Schlüpfen aus den Eiern weibliche Küken, werden sie an Aufzuchtbetriebe weitergegeben, um zu Legehennen heranzuwachsen.

4 **Aufzucht der Junghennen:** Die weiblichen Küken werden bis zu einem Alter von etwa fünf Monaten in Aufzuchtbetrieben großgezogen. Da sie anschließend bald selbst Eier legen können, werden sie dann an einen Legebetrieb verkauft.

5 **Legebetrieb:** Hier produzieren die Legehennen gut ein Jahr lang viele, viele Eier. Danach werden sie geschlachtet, um als Suppenhühner verkauft zu werden.

> WIE LEBT EINE LEGEHENNE IM LEGEBETRIEB?

In Deutschland gibt es vier verschiedene Arten von Legebetrieben. Man unterscheidet sie daran, wie die Hennen dort leben. Auf allen Eiern, die man kaufen kann, ist die Art des Legebetriebs mit einem Stempel markiert.

Eine 0 bedeutet, dass das Huhn in Bio-Haltung lebt und damit unter anderem die Garantie auf Auslauf an der frischen Luft sowie auf Bio-Futter hat.

Eine 1 auf dem Ei bedeutet, dass das Huhn in Freilandhaltung lebt. Es hat einen Auslauf im Freien, bekommt aber kein Bio-Futter.

Eine 2 steht für Hühner, die in einer Scheune in sogenannter Bodenhaltung leben – nach draußen dürfen sie nicht.

Und die 3 schließlich zeigt die Kleingruppenhaltung an. Sie wird in Deutschland gerade abgeschafft, da die Hühner in ihr unter sehr schlechten Bedingungen leben, mit äußerst wenig Platz. Deswegen kann man inzwischen kaum noch Eier mit einer 3 darauf kaufen.

LEGEBETRIEBE IN DEUTSCHLAND
Bodenhaltung: 65 Prozent der Hennen
Freilandhaltung: 15 Prozent der Hennen
Bio-Haltung: 11 Prozent der Hennen

EINE INTELLIGENTE VERPACKUNG!

Viele Lebensmittel kannst du nur in einer Verpackung kaufen. Nudeln zum Beispiel, oder Reis. Es wäre es auch ziemlich unpraktisch, sie einzeln zu kaufen, oder? Obst und Gemüse hingegen kann man häufig lose einpacken – wie Äpfel oder Bananen. Und dann gibt es noch Lebensmittel, die aus hygienischen Gründen eingepackt sein müssen. Dazu gehört Fleisch: Durch eine Verpackung wird Fleisch davor geschützt, zu verschmutzen und zu verderben. Denn Verpackungen halten Luft und Licht fern, sodass Bakterien sich nicht vermehren können.

› WIE LANGE SIND LEBENSMITTEL HALTBAR?

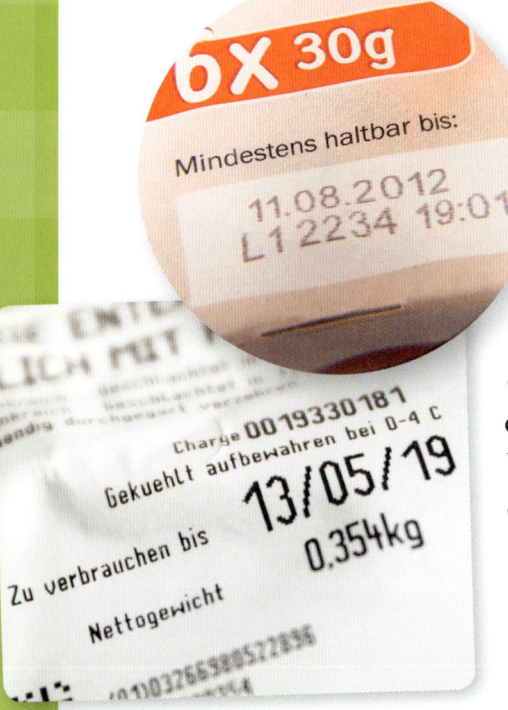

Auf der Verpackung wird auch vermerkt, wie lange ein Lebensmittel haltbar ist. Dafür gibt es zwei verschiedene Angaben: das Verbrauchsdatum und das Mindesthaltbarkeitsdatum.

Das Verbrauchsdatum findest du zum Beispiel auf Verpackungen von Hackfleisch oder Hähnchenschenkeln und du solltest es ernst nehmen: Wenn das Verbrauchsdatum erreicht ist, kannst du das Lebensmittel nicht mehr essen, da es krank machen kann. Wenn jedoch das Mindesthaltbarkeitsdatum erreicht ist, kannst du das Lebensmittel noch essen. Es kann sein, dass es nicht mehr so gut schmeckt wie vorher, aber meistens ist es noch völlig in Ordnung und ungefährlich. Dieses Datum ist auf vielen nicht gekühlten Lebensmitteln wie Marmelade und auf Milchprodukten zu finden.

Das Problem ist, dass viele Lebensmittel weggeworfen werden, obwohl sie noch völlig in Ordnung sind. Das liegt häufig auch an dem Mindesthaltbarkeitsdatum – manche Menschen sind verunsichert, ob das Produkt noch gut ist oder nicht. Forscher haben dieses Problem untersucht und eine Lösung gefunden: Wie könnte die Verpackung dir zuverlässig anzeigen, ob das Lebensmittel tatsächlich noch frisch ist?

❯ DIE INTELLIGENTE VERPACKUNG HILFT

Eine sogenannte intelligente Verpackung verfügt über eine Art Thermometer, das die Temperatur ihrer Umgebung misst. Gleichzeitig wird auch die Zeit erfasst und so ermittelt, wie lange das Lebensmittel schon bei welcher Temperatur gelagert wurde.

Die Wärmedosis zu kennen, in der ein Lebensmittel längere Zeit verbracht hat, ist nützlich. Denn während Bakterien eigentlich überall sind und nicht immer gefährlich, können sie sich bei Wärme stärker vermehren. Werden es zu viele krank machende Bakterien, kann das Lebensmittel verderben. Und nicht nur das, es kann auch denjenigen krank machen, der das verdorbene Lebensmittel isst.

Die Erfindung der Forscher ist nun, dass die Verpackung anzeigt, welche Wärmedosis sie gemessen hat: Ist das Produkt noch frisch, hat die Packung eine dunkle Farbe. Ist es schon etwas älter, aber noch essbar, nimmt sie eine helle Farbe an. Und wenn die Packung längere Zeit warme Temperaturen gemessen hat, ist das Lebensmittel darin höchstwahrscheinlich ungenießbar geworden – die Packung wird farblos und du weißt: Achtung, nicht mehr essen!
Praktisch, oder?

FISCH UND MEERESTIERE

Fische enthalten viel wertvolles Eiweiß. Damit sind sie sehr wichtig für die Ernährung der Menschen. Fisch, den wir in Deutschland kaufen können, stammt aus unterschiedlichen Gebieten: Ein Teil wird in Seen und Flüssen gefangen. Ein anderer Teil kommt aus der Nordsee und Ostsee und wird mit Kuttern gefischt. Dann wird ein wichtiger Anteil in großen Becken gezüchtet – in der sogenannten Aquakultur. Und weil all dies immer noch nicht ausreicht, um den Fischbedarf der Deutschen zu decken, wird ziemlich viel Fisch (etwa 75 Prozent) aus anderen Ländern importiert.

WELCHER FISCH WIRD WO GEFANGEN?

> In Seen und Flüssen: zum Beispiel Lachse, Forellen und Welse
> Aus Nord- und Ostsee: Scholle, Garnelen und Muscheln
> Aus Aquakulturen: Karpfen, Aal und Steinbutt
> Aus dem Ausland: Alaska-Seelachs, Thunfisch und Hering

▶ UND WIE WIRD DER FISCH GEFANGEN?

Bei uns in der Nordsee und Ostsee wird Fisch hauptsächlich mit Schleppnetzen gefischt. Diese Schleppnetze werden hinter Schiffen hergezogen. Außerdem gibt es noch Stellnetze. Die werden an einer Stelle im Meeresboden fest verankert und brauchen kein Schiff. Es gibt viele Vorschriften darüber, wie Netze beschaffen sein müssen. Wichtig ist dabei, dass die Netze in der Umwelt möglichst wenig Schaden anrichten – also dass sie Pflanzen, Meeresboden und andere Tiere nicht

beschädigen. Auch gibt es Vorschriften darüber, wie viel in welchem Meeresabschnitt gefischt werden darf. Das soll verhindern, dass mehr Fische aus den Meeren geangelt werden, als anschließend nachwachsen können. Leider ist es schwer, die Fischerei auf den Meeren zu kontrollieren. Deswegen wird an vielen Stellen auf der Welt zu viel gefischt. Das ist ein großes Problem und wird „Überfischung" genannt.

▶ WAS PASSIERT MIT FISCHEN, DIE AUS VERSEHEN IN DIE NETZE GELANGEN?

Wird ein Fischernetz durchs Meer gezogen, um beispielsweise Kabeljau zu fangen, dann verfangen sich darin meist auch andere Fische oder Meerestiere. Diese Tiere nennt man Beifang. In Deutschland muss der Beifang zurück ins Meer geworfen werden. Allerdings überleben viele Fische und Meerestiere das oft nicht und sterben dann im Meer.

Leider kann man Beifang beim Fischen nie ganz verhindern. Die Organisation „Marine Stewardship Council" kümmert sich deswegen darum, den Fischfang trotzdem so schonend wie möglich zu machen. Sie kontrolliert, wo, wieviel und mit welchen Netzen gefischt wird. Die Fischer, die sich an die Regeln der Organisation halten, bekommen dafür ein Siegel verliehen. Das dürfen sie auf der Verpackung ihres Fisches abdrucken, damit der Kunde es sehen kann und weiß: Hier wurde möglichst umweltschonend gearbeitet.

FISCHZUCHT: DIE AQUAKULTUR

Fisch als gesunde, eiweißreiche Nahrung ist überall auf der Welt beliebt. Allerdings sind die Weltmeere keine unendliche Quelle und auch die Seen und Flüsse können den Bedarf an frischem Fisch nicht mehr decken. Bereits jetzt sind einige Fischbestände überfischt – und die Weltbevölkerung wird weiter wachsen.

Eine Möglichkeit, deshalb auf künstliche Weise mehr Fisch zu produzieren, ist die sogenannte Aquakultur. Das ist

eine Fischzucht, die in abgeschlossenen Behältern oder Netzen stattfindet. Menschen können damit Süßwasserfische oder auch Seefische und Meeresfrüchte züchten.

❯ DIE FISCHFARM

Aquakultur gibt es eigentlich schon sehr lange. Aber erst in den letzten Jahren ist sie für die Erzeugung von Lebensmitteln so wichtig geworden.

In Deutschland findet die Aquakultur zum Teil in Teichwirtschaften statt: In Naturteichen und Erdteichen oder auch in künstlichen Rinnen und Beckenanlagen werden die Fische herangezüchtet und mit ausreichend Sauerstoff und hochwertigem Futter versorgt. Regenbogenforellen und Karpfen wachsen zum Beispiel in Teichwirtschaften auf.

Noch häufiger werden bei uns die Kreislaufanlagen verwendet. Hier werden die Tiere in großen Becken gehalten. Das Wasser im Becken wird regelmäßig durch Filter gepumpt. Diese Filter entfernen Schmutz und fügen dem Wasser Nährstoffe und Sauerstoff zu. So kann das Wasser immer wieder verwendet werden – deshalb spricht man auch von einem Kreislaufsystem. Der Vorteil dieses Systems ist, dass man die Fische überall züchten kann. Man braucht keinen Bach oder Teich in der Nähe. Die Haltung ist aber auch sehr aufwendig, denn es wird viel Technik und Energie dafür benötigt. Für die Fischzüchter lohnt sich diese Methode eigentlich nur für Speisefische wie Aal, Wels, Stör und Steinbutt, die sie anschließend teuer verkaufen können.

❯ AQUAKULTUR IN NATÜRLICHEN GEWÄSSERN

In Südostasien, vor allem in Vietnam, ist die Aufzucht von Pangasius-Fisch weit verbreitet. Er ist ein Süßwasserfisch und auch bei uns sehr beliebt. Da der Pangasius schnell wächst und in der Haltung recht anspruchslos ist, kann man ihn einfach und günstig züchten: Er wird in Asien in schwimmenden Käfigen gehalten, die in Flussmündungen aufgebaut werden. In Norwegen gibt es moderne Lachsfarmen, die Fische im Meer züchten. Sie benutzen dafür eine Konstruktion aus Stahl, Plastik und Fangnetzen, die bis zu 40 Meter tief im Meer hängen. Fast alle Lachse, die wir in unseren Supermärkten kaufen können, stammen aus Norwegen.

❯ UND MUSCHELN?

Muscheln können im Meer entweder als Bodenkultur, an langen Leinen, in Drahtkörben oder in Netzsäcken gezüchtet werden. Da die Muscheln sich im Meer vom Plankton ernähren, müssen sie nicht zusätzlich gefüttert werden.

WIE ERKENNE ICH, WOHER MEIN FISCH KOMMT?

Wenn du Fisch im Supermarkt kaufst, kannst du auf der Verpackung ablesen, wo er gefangen wurde. Unsere Weltmeere sind in verschiedene Fanggebiete aufgeteilt, die alle eine eigene Nummer haben.
Oft ist auf der Verpackung eine kleine Karte abgebildet, auf der der Fangort eingezeichnet ist.
Manchmal findest du auch einen QR-Code. Wenn du ihn mit einem Smartphone scannst, wird dir das Fanggebiet angezeigt.

Spezies: Alaska-Seelachs (Theragra chalcogramma)
■ **Fanggebiet:** Nordostpazifik FAO 67
■ **Subfanggebiete:** östliche Beringsee/ Golf von Alaska
Fangmethode: Wildfang, pelagische Schleppnetze

RUSSLAND ALASKA 67

DAS WOHL DER MEERE

Immer mehr Menschen wollen wissen, woher der Fisch kommt, den sie essen. Sie möchten auch, dass der Fisch umweltgerecht gefangen wurde. Sie zeigen so dem Hersteller und dem Supermarkt, dass sie sich für das Wohl der Tiere und die Umwelt interessieren. Sie zeigen auch, dass sie Fisch nur dann essen möchten, wenn der Fang unserer Umwelt nicht schadet. Wenn das immer mehr Menschen machen, werden sich irgendwann auch das Fischangebot und die Tierhaltung verändern.

> UND WAS MACHT MAN HEUTE SCHON?

Überall auf der Welt bemühen sich Umweltschützer und Wissenschaftler, einen umweltschonenden Fischfang zu entwickeln. Dabei ist es ihr Ziel, Fische so zu fangen, dass die Meere nicht überfischt werden und die Ozeane keinen Schaden nehmen.

> EIN BEISPIEL AUS SPANIEN

Der Biologe Miguel Medialdea hat in Andalusien eine große Fischzucht mit einer Million Fischen aufgebaut. Seine Fische leben in großen Teichen direkt neben einem Naturschutzgebiet. Das Wasser für die Fische kommt aus einem Fluss und ist reich an Nährstoffen. Die Fische gedeihen hier beinahe wie in freier Wildbahn. Ihre Wasserfläche ist außerdem auch ein Nist- und Rastplatz für 250 verschiedene Vogelarten. Die fressen die überschüssigen Algen im Wasser und auch mal einen Fisch – ganz, wie es in der Natur auch passiert. Die Fische hier wachsen langsamer und gesünder und schmecken dadurch später besser.

> EIN BEISPIEL AUS DEUTSCHLAND

Im Thünen-Institut in Braunschweig entwickeln Wissenschaftler intelligente Netze für den Fischfang. Diese Netze sind so aufgebaut, dass keine Tiere mehr im Netz landen, die nicht gefischt werden sollten – der sogenannte Beifang soll vermieden werden. Das sind nicht nur zu kleine oder unerwünschte Fische, sondern auch solche, die unter Naturschutz stehen und gar nicht gefangen werden dürfen. Diese Sonarnetze erkennen „falsche" Fische und können sie selbstständig umschwimmen.

> UND WAS KANNST DU MACHEN?

Die Umweltorganisation WWF (World Wide Fund For Nature) hat einen Einkaufsratgeber für Fisch und Meeresfrüchte erstellt. Dort kannst du nachschauen, welchen Fisch du gerade lieber nicht essen solltest, weil er aktuell überfischt ist, und welchen du besser kaufen kannst. Zusammen mit der Angabe auf der Fischverpackung und der Empfehlung des WWF kannst du eine umweltfreundlichere Entscheidung treffen.

SCHAU DOCH MAL

Auf der Seite des WWF gibt es den Einkaufsratgeber für Fisch und Meeresfrüchte. Der „World Wide Fund For Nature" ist eine der größten Naturschutzorganisationen der Welt und in mehr als 100 Ländern aktiv. Rund um den Globus gibt es zahlreiche Projekte zur Bewahrung der biologischen Vielfalt, für mehr Umweltschutz und für ein umweltbewusstes Verhalten von allen Menschen.

Zucker?

Tee?

Honig?

Palmöl?

Kaffee?

Schokolade?

WIE ENTSTEHT EIGENTLICH ...?

WIE ENTSTEHT EIGENTLICH ...
SCHOKOLADE?

Die wichtigste Zutat für Schokolade ist Kakao. Der wächst auf Bäumen in tropischen Gegenden rund um den Erdball, vor allem auf Plantagen in Afrika, Mittelamerika und Südamerika. Ein Kakaobaum auf einer Kakaoplantage ist etwa vier bis fünf Meter hoch. Er trägt zwischen 20 und 50 Kakaofrüchte. Diese wachsen direkt aus dem Stamm und werden bei der Ernte mit einem speziellen Messer per Hand abgeschnitten. In den Früchten stecken, eingebettet in glibberiges Fruchtfleisch, etwa 25 bis 50 Samen – die Kakaobohnen. Zunächst sind sie noch hellviolett.

❯ DER GESCHMACK ENTSTEHT

Die Kakaobohnen werden zusammen mit dem Fruchtfleisch in Holzkisten gelegt und mit Bananenblättern zugedeckt. Nun beginnt die sogenannte Gärung, die einige Tage lang dauert. Dabei laufen in der Kakaobohne verschiedene Umwandlungen ab, die die Farbe und den Geschmack der Bohnen verändern. Damit die Kakaobohnen nach dem Gären nicht anfangen zu schimmeln, werden sie anschließend ausgebreitet und in der Sonne getrocknet.

❯ MIT DEM SCHIFF NACH EUROPA

Die getrockneten Kakaobohnen werden in Jutesäcke gepackt und zu den großen Häfen transportiert. Mit riesigen Containerschiffen gelangen sie dann nach Europa. Dort werden die Säcke wieder ausgeladen und in Speicherhallen gelagert. Mit Lastwagen geht es anschließend weiter in die Schokoladenfabriken.

❯ VON DER BOHNE ZUM KAKAO

In der Schokoladenfabrik werden die Bohnen zunächst gereinigt und anschließend geröstet. Dabei entsteht neben dem Kakao-Aroma auch die typische Schokoladenfarbe. Anschließend werden die Schalen der Bohnen entfernt. In großen Kakaomühlen werden sie nun zu einem dickflüssigen Brei zermahlen. Dieser Brei enthält ziemlich viel Fett, die sogenannte Kakaobutter. Es wird abgepresst. Alles, was jetzt noch übrig ist, wird zu Kakaopulver vermahlen.

❯ VOM KAKAO ZUR SCHOKOLADE

Bis nun wirklich Schokolade entsteht, müssen noch ein paar Arbeitsschritte folgen: Zuerst wird die Kakaomasse mit der Kakaobutter, Milch (beziehungsweise Milchpulver) und Zucker vermischt. Walzen zerreiben die Masse, bis ein feines Pulver entsteht. Nun folgt ein ganz wichtiger Schritt für eine leckere Schokolade: das „Conchieren". Dabei wird die Schokoladenmasse stundenlang, ganz langsam und bei niedrigen Temperaturen gerührt. Sie verliert auf diese Weise ihren noch eher bitteren Geschmack und bekommt einen schönen Glanz. Jetzt kann die Schokoladenmasse in Formen gefüllt werden. Sobald sie abgekühlt ist, kann sie als fertige Schokoladentafel aus den Formen gelöst und verpackt werden.

PROBIER DOCH MAL

Leckeres Schokoladen-Fondue!

Dazu brauchst du:
❯ *90 Gramm Sahne*
❯ *150 Gramm Zartbitterschokolade*
❯ *Deine Lieblingsfrüchte (zum Beispiel Apfel, Birne, Banane, Erdbeere)*
❯ *Einen kleinen Topf*

Bitte einen Erwachsenen um Hilfe!

So funktioniert's:
❯ *Erhitze die Sahne in einem Topf bis sie kocht und nimm sie vom Herd.*
❯ *Zerteile die Schokolade in viele kleine Stücke und gib sie in die heiße Sahne.*
❯ *Rühre so lange, bis die Schokolade geschmolzen ist.*
❯ *Stelle den Topf bei niedriger Temperatur wieder auf den Herd. Rühre zwischendurch um und pass auf, dass die Schokoladenmasse nicht anfängt, zu kochen.*
❯ *Nimm den Topf vom Herd.*
❯ *Schneide die Früchte in kleine Stücke.*

Tauche die Fruchtstücke in die flüssige warme Schokolade und genieße sie!

WIE ENTSTEHT EIGENTLICH ... TEE?

Tee: ein heißes Getränk, das es in vielen verschiedenen Geschmacksrichtungen und manchmal sogar in unterschiedlichen Farben gibt.

Aber woher kommt eigentlich Tee? Dazu müssen wir zuerst zwischen zwei Obergruppen unterscheiden: dem Tee, der aus der Teepflanze gewonnen wird. Und dem Tee, der aus den Blättern, Früchten und Blüten von verschiedenen anderen Pflanzen gemacht wird.

❯ DIE TEEPFLANZE

Die Teepflanze ist ein immergrüner Baum, der überwiegend in den Tropen und Subtropen wächst: In China, Indien, Kenia, Sri Lanka und Indonesien wird am meisten geerntet. Am besten gedeiht die Teepflanze in Höhenlagen, also zum Beispiel in den Bergen. Die Gegend und der Boden, auf dem die Pflanze wächst, ist genau wie das Klima und die genaue Sorte der Teepflanze wichtig für den späteren Geschmack des Tees. Die jungen Blätter haben die feinste Qualität.

❯ TEE VON DER TEEPFLANZE

Aus den Blättern und Blattknospen der Teepflanze kannst du schwarzen Tee, grünen Tee, Oolong-Tee und weißen Tee herstellen. All diese Sorten entstehen aus der gleichen Pflanze, aber da sie unterschiedlich verarbeitet werden, schmecken sie am Ende verschieden.

Was sie gemeinsam haben, ist das Koffein. Koffein ist ein Stoff, der wach macht und nur in Maßen und nur von Erwachsenen getrunken werden soll. Denn wenn man zu viel davon trinkt oder empfindlich ist, bekommt man Herzklopfen oder Schweißausbrüche und kann nicht schlafen. Koffein ist zum Beispiel auch in Kaffee und Cola enthalten.

❯ FRISCHER TEE

Den frischesten Tee überhaupt bekommst du, wenn du Teeblätter direkt vom Strauch der Pflanze zupfst, sie in eine Tasse gibst und mit heißem Wasser übergießt.
Das Problem ist nur, dass frische Teeblätter nicht lange gelagert werden können, da sie leicht verderben. Daher wurde eine Methode entwickelt, bei der die Blätter getrocknet werden. So bleiben sie lange haltbar und ihr Geschmack gut erhalten.

KRÄUTER- UND FRÜCHTETEES – AUCH FÜR KINDER!

Auch aus vielen anderen Pflanzen lässt sich Tee herstellen. Dafür werden die Blätter, Früchte, Knospen, Blüten, Stängel, Rinden oder Wurzeln verarbeitet und es entstehen Kräuter- und Früchtetees. Sie enthalten kein Koffein und können von Kindern getrunken werden. Manche Teesorten haben sogar eine heilende oder lindernde Wirkung:
Sie werden gerne als Hausmittel gegen Erkältung, Halsschmerzen oder Bauchschmerzen benutzt. Und dann gibt es noch viele Teesorten, die nur wegen ihres leckeren Geschmacks getrunken werden.

MACH DOCH MAL

Frischen Pfefferminztee

Dazu brauchst du:
❯ 10 frische Blättchen von der Pfefferminzpflanze
❯ ½ Liter nicht mehr kochendes Wasser
❯ Eine Tasse oder Teekanne

Und so geht's:
Übergieße die frischen Blätter in deiner Tasse mit heißem Wasser und lass sie zehn Minuten ziehen – lecker!

WIE ENTSTEHT EIGENTLICH ... KAFFEE?

Noch schmeckt er dir wahrscheinlich nicht – denn er ist herb und bitter im Geschmack und für Kinder ungesund. Und doch mögen ihn die meisten Erwachsenen so gern, dass er weltweit zu den beliebtesten Getränken zählt: der Kaffee. Von allen Europäern trinken die Finnen am meisten. Aber auch in Deutschland trinken Erwachsene mehr Kaffee als Mineralwasser oder Bier.

▶ DIE KAFFEEPFLANZE

Als „Kaffee" bezeichnet man nicht nur das dunkle Heißgetränk, sondern auch die Pflanze, aus der es hergestellt wird. Sie wächst als Baum oder Strauch und kommt ursprünglich aus den afrikanischen Ländern Äthiopien und Sudan. Sie kann bis zu 15 Meter groß werden. Ihre Früchte ähneln Kirschen und werden während der Reifezeit auch genauso rot. Nur die reifen Früchte dürfen geerntet werden. In jeder von ihnen wachsen meist zwei Samen. Diese werden als Kaffeebohnen bezeichnet und geröstet, um daraus das dunkle Getränk herzustellen.

> DER HANDEL MIT KAFFEE

Kaffee zählt heute zu den wichtigsten Handelsprodukten der Welt. Die größten Kaffeeproduzenten liegen im sogenannten Kaffeegürtel – das sind Länder, deren Klima tropisch ist und wo die Kaffeepflanze besonders gut wächst. Dazu gehören vor allem Brasilien, Vietnam, Kolumbien, Indonesien und Äthiopien. Die Kaffeegebiete liegen häufig in den ärmeren Ländern der Welt. Für viele Menschen dort ist das Leben nicht leicht und die Bedingungen, unter denen sie Kaffee anbauen, sind schwierig.

> KAFFEE „FAIR TRADE" – WAS IST DAS?

Kaffee wird ganz überwiegend von kleinen Familienbetrieben produziert. Doch obwohl der Kaffee bei uns so beliebt ist und wir hier so viel davon kaufen, können die Menschen, die ihn produzieren, oft kaum davon leben. Das liegt daran, dass nur ein kleiner Anteil des Geldes aus dem Verkauf auch wirklich bei den Kaffeebauern landet. Das meiste Geld verdienen die Unternehmen, die den Kaffee veredeln und rösten, verpacken und vermarkten. Da das von vielen Menschen als unfair angesehen wird, gibt es inzwischen Organisationen, die den Kaffeebauern so viel bezahlen, dass sie davon leben können. Dadurch wird der Kaffee im Verkauf bei uns teurer, bekommt aber ein Logo mit der Aufschrift „Fair Trade". Übersetzt aus dem Englischen heißt das „Gerecht gehandelt" und zeigt dem Käufer, dass dieser Kaffee den Bauern unter fairen Bedingungen abgekauft wurde.

WIE ENTSTEHT EIGENTLICH ... PALMÖL?

Ohne Pflanzenöle gäbe es keine Margarine, kein Nutella, keine Kekse und Süßigkeiten und nur wenige Fertigprodukte. Denn in all diesen und vielen anderen Lebensmitteln steckt Pflanzenöl als Zutat. Das Pflanzenöl, das weltweit am meisten verwendet wird, ist Palmöl.

> WIE GEWINNT MAN PALMÖL?

Palmöl wird aus den Früchten der Ölpalme gewonnen. Eine Ölpalme bringt ungefähr 20 Jahre lang einen guten Ertrag an Früchten, die in Fruchtbüscheln in großen und dichten Fruchtständen wachsen. Aus dem weichen Fruchtfleisch der walnussgroßen Früchte wird das Palmöl gepresst. Und aus dem festen Kern der Frucht wird Palmkernfett gewonnen.

Der große Vorteil von Palmöl ist, dass eine Ölpalme sehr ertragreich ist. Auch aus Raps oder Soja kann man Pflanzenöl herstellen – Rapsöl oder Sojaöl. Aber die Ölpalme bringt ungefähr 15-mal im Jahr Früchte hervor. Das heißt, dass auf der gleichen Fläche und mit dem gleichen Arbeitsaufwand viel mehr Palmöl als Soja- oder Rapsöl hergestellt werden kann. Und das wiederum führt dazu, dass Palmöl zu einem niedrigen Preis verkauft wird.

› WAS HAT PALMÖL MIT DER ZERSTÖRUNG DES REGEN-WALDES ZU TUN?

Der Nachteil beim Herstellen von Palmöl ist jedoch, dass Ölpalmen zum Wachsen ein tropisches Klima brauchen. Am besten wachsen sie daher in Gebieten, in denen auch der Regenwald wächst. Die großen Mengen, die produziert werden, brauchen viel Platz. Das Problem ist: Um genug Fläche für viele Ölpalmen zu schaffen, wird sehr viel Regenwald abgeholzt. Ölpalmplantagen sind deswegen der Hauptgrund für eine große Regenwald-zerstörung. Leider werden weltweit jede Minute etwa 42 Fußballfelder Regenwald zerstört.

› DER REGENWALD: WUNDER DER ERDE

Der Regenwald ist wie ein grüner Ozean aus Farnen, Moosen, Lianen und Bäumen, so hoch wie Kirchtürme. Hier fliegen schillernd bunte Schmetterlinge und farbenprächtige Vögel. Es gibt Blumen in allen Regenbogenschattierungen. Der tropische Regenwald ist der artenreichste und spannendste Lebensraum der Welt. Den größten zusammenhängenden Regenwald findest du rund um den Amazonas: Das ist der wasserreichste Fluss der Erde, der größtenteils durch Brasilien fließt. Weitere große Regenwälder wachsen in Afrika und in Südostasien wie in Malaysia und Indonesien. Die Gebiete, in denen die Regenwälder wachsen, nennt man Tropen. Alle Regenwälder zusammen bedecken nur drei bis vier Prozent der Landfläche weltweit – und trotzdem leben dort mehr als die Hälfte aller Pflanzen- und Tierarten!

EIN ERSATZ FÜR PALMÖL?

Auf Palmöl zu verzichten ist sehr schwierig. Es hat so viele nützliche Eigenschaften, dass es fast in jedem zweiten Lebensmittel aus dem Super-markt enthalten ist. Das kannst du selbst überprüfen – schau einfach in der Zutatenliste nach Palmöl oder Palmkernöl. Es lohnt sich aber, sich für eine umweltschonendere Herstellung von Pflanzenöl einzusetzen. Das geht zum Beispiel, indem du dir die Verpackungen genau anschaust und nach bestimmten Logos Ausschau hältst: Die Organisationen „RSPO", „Rainforest Alliance" und „UTZ" setzen sich beispielsweise aktiv dafür ein, dass der Regenwald geschützt wird.

WIE ENTSTEHT EIGENTLICH ... HONIG?

Eine Honigbiene fliegt von Pflanze zu Pflanze und sammelt unermüdlich Nektar oder Honigtau. Mit ihrem Rüssel saugt die Biene den süßen Nektar auf. Über die Speiseröhre gelangt er dann in ihren Honigmagen. Kehrt die Biene in ihren Bienenstock zurück, liefert sie ihren Mageninhalt an eine andere Biene ab. Auch diese gibt den süßen Saft an die nächste Biene weiter. Da sich dieser Vorgang mehrere Male wiederholt, reichert sich der Nektar dabei mit Enzymen, Eiweißen und Säuren an. Er verliert außerdem Wasser und wird dadurch dicker.

In ihrem Bienenstock haben die Bienen Wabenzellen gebaut. Diese sind sechseckig und bestehen aus Bienenwachs. Dort hinein füllen die Bienen nun den dicken Nektar. Indem sie anschließend viel mit ihren Flügeln fächeln, verliert der Nektar noch mehr Wasser, wird noch etwas dicker – und wird zu Honig!

❯ HONIG FÜR DIE MENSCHEN: DER IMKER

Außerhalb der freien Wildbahn gibt es viele Bienenzüchter, die Honig für Menschen sammeln. Dafür hält sich ein Imker ein Bienenvolk und stellt ihm anstelle eines natürlichen Bienenstocks Holzkästen auf. Darin gibt es schon fertige Wachsplatten. So können sich die Bienen auf das Honigmachen konzentrieren und brauchen keine Zeit für den Wabenbau.

Sobald der Honig in den Waben gereift ist, holt sich der Imker die Waben aus dem Bienenstock. In einer Schleudermaschine werden diese so lange geschleudert, bis der ganze Honig aus ihnen herausgeflossen ist. Nun kann er in Gläser abgefüllt und verkauft werden.

Für die Bienen ist ihr Honig allerdings ein Vorrat für den Winter. Sie ernähren sich von ihm und werden dadurch mit wichtigen Stoffen versorgt, die sie vor Krankheiten schützen. Leben Bienen bei einem Imker, können sie sich im Winter nicht von ihrem eigenen Honig versorgen. Deswegen muss ihnen der Imker einen Ersatz geben: Meist stellt er ihnen dickes Zuckerwasser bereit.

HONIG: GANZ VERSCHIEDEN!

Die Farbe des Honigs reicht von nahezu farblos bis Dunkelbraun. Sie wird, genauso wie das Aroma und der Geschmack des Honigs, durch die Pflanzen bestimmt, von denen die Bienen Blütennektar oder Honigtau aufgenommen haben. Außerdem kann Honig flüssig oder fest sein. Je nachdem, an welchen Blüten und Pflanzen die Bienen hauptsächlich gesammelt haben, entstehen so Blütenhonige wie Lindenblüten- oder Rapsblütenhonig oder Honigtauhonige wie Wald- oder Tannenhonig.

> DAS PROBLEM DES BIENENSTERBENS

Bienen sind für unser Ökosystem sehr wichtig. Wenn sie von Blüte zu Blüte und von Pflanze zu Pflanze fliegen, um Nektar zu sammeln, sind sie gleichzeitig auch Bestäuber für diese Pflanzen. Denn bei jeder Landung bringen sie ein bisschen Blütenstaub von der letzten Pflanze mit. Nur so können sich aus den Blüten Früchte und Samen entwickeln. Für die Landwirtschaft und die Ernährung der Menschen übernehmen Bienen also eine enorm wichtige Aufgabe.

Wir wissen, dass es wichtig ist, den Bienen ihren Lebensraum zu erhalten.

Werden Bienen zu sehr gestört, zum Beispiel durch Umweltverschmutzung, dann sterben sie. Viele Wissenschaftler forschen daran, was man gegen Bienensterben tun kann. In China gab es eine Zeit lang schon so wenig Bienen, dass die Menschen die Pflanzen mit der Hand bestäuben mussten.

WIE ENTSTEHT EIGENTLICH ... ZUCKER?

Wenn wir an Zucker denken, dann meist an die schneeweißen, fein rieselnden Kristalle, die zum Backen und Süßen verwendet werden. Doch woher kommt Zucker eigentlich? Wo und wie wächst er?

Zucker entsteht in jeder grünen Pflanze. Die meisten Pflanzen nutzen den Zucker für ihr eigenes Wachstum. Die Pflanzen Zuckerrohr und Zuckerrübe dagegen können den Zucker speichern – weshalb wir Menschen ihn für uns gewinnen können. Die Zuckerrübe wächst auch bei uns in Deutschland, das Zuckerrohr in tropischen Gebieten.

Die Zuckerrübe

Das Zuckerrohr

❯ ZUCKERRÜBENERNTE

Sobald der Boden im Frühjahr trocken genug ist, beginnen die Landwirte mit der Rübensaat. Bei günstigem Wetter gucken bereits zwei Wochen später die ersten Rübenpflänzchen aus der Erde. In etwa sechs Monaten wachsen diese dann zu stattlichen Rüben heran.

Für die Ernte fahren riesige Maschinen – auch Rübenroder genannt – über die Felder. Sie heben die Rüben aus der Erde und schneiden dabei alle Blätter ab. Anschließend werden die Rüben von Erde gesäubert und mit einem Transportfahrzeug zur Zuckerfabrik gebracht.

> VOM DÜNNSAFT ZUM DICKSAFT

In der Zuckerfabrik werden die gereinigten Rüben von einer Maschine zerkleinert. Weil die kleinen Stücke anschließend wie kleine Schnitzel aussehen, wird diese Maschine auch Schnitzelmaschine genannt. Beim Schneiden löst sich außerdem der Zucker aus den Pflanzenzellen – und wenn die Schnitzel nun in heißes Wasser geworfen werden, entsteht aus dem Zucker eine Art

Saft. Dieser Rohsaft wird so lange bearbeitet, bis der sogenannte Dünnsaft entsteht. Der wiederum wird jetzt so lange erhitzt, bis sich ein goldbrauner Dicksaft entwickelt. Der Dicksaft wird gekocht, bis sich goldgelbe Kristalle bilden. Durch intensives Schleudern löst sich von den Kristallen ein Sirup ab. Und was übrig bleibt – ist weißer Zucker.

> WELCHE ZUCKER GIBT ES?

Traubenzucker – das ist der Zucker, ohne den unser Gehirn nicht funktionieren würde. Er wird auch Glucose genannt und ist die Energiequelle für unsere Zellen und unseren Körper. Er ist ein Teil des weißen Haushaltszuckers und steckt auch in Früchten und Honig. Außerdem ist er ein Bestandteil von Stärke, die in Kartoffeln, Nudeln und allen Getreiden steckt.

Fruchtzucker – dieser Zucker steckt hauptsächlich in Obst. Fructose, wie der Zucker auch genannt wird, ist etwas süßer als Haushaltszucker.

Milchzucker – dieser Zucker wird auch Laktose genannt und befindet sich in Milch. Er schmeckt leicht süß und wird von einigen Menschen nicht vertragen.

Bio?

Züchtung?

Aquaponik?

Urban Gardening?

Digital Farming?

HERSTELLUNGS METHODEN

LEBENSMITTEL ZÜCHTEN

Von Züchtung sprechen wir, wenn der Mensch in die natürliche Fortpflanzung von Tieren oder Pflanzen eingreift. Dabei verändert er gezielt bestimmte Eigenschaften der Pflanze oder des Tieres. Meistens soll eine solche Veränderung eine Verbesserung sein – es gibt aber auch Menschen, die das Prinzip des Züchtens kritisch sehen.

➤ PFLANZEN: PINSEL STATT BIENEN

Natürlicherweise vermehren sich Pflanzen, indem Insekten den Pflanzenpollen von einer Blüte auf die andere übertragen. Beim Züchten von Pflanzen überlässt man diese sogenannte Bestäubung nicht mehr den Insekten, sondern verwendet dafür einen Pinsel. Die Idee dahinter ist, dass die Bestäubung so nicht mehr zufällig passiert. Stattdessen werden vorher gezielt Pollen ausgesucht, die von einer Pflanze mit bestimmten Eigenschaften kommen. Überträgt man Pollen auf eine neue Pflanze, will man auch diese Eigenschaften auf die neue Pflanze übertragen.

So entstehen beispielsweise Tomaten, die nicht mehr rot sind, sondern schwarz. Oder Äpfel mit süßerem Geschmack. Eine Züchtung ist allerdings gar nicht so einfach. Denn manchmal werden die gewünschten Eigenschaften gar nicht übertragen. Forscher brauchen häufig bis zu zehn Jahre, bis sie ihr Ziel erreichen.

➤ TIERE: MÖGLICHST PERFEKT

Bei der Nutztierzucht verfolgen Menschen verschiedene Ziele: Zum einen sollen die Tiere schneller wachsen und weniger Futter verbrauchen. Dann sollen sie mehr Fleisch hergeben, mehr Milch oder mehr Eier. Gewünscht wird auch, dass die Tiere selten krank sind und sehr pflegeleicht. Um diese Ziele zu erreichen, werden Tiere ausgewählt, die möglichst all diese Eigenschaften haben. Sie sollen sich dann gezielt vermehren, damit es immer mehr von ihnen gibt.

OBST: ALLES SCHÖN GERADE?

Auch beim Obst haben sich die Menschen verschiedene Dinge überlegt, die sie verändern wollen: Manche Sorten sollten kleiner sein – aus Tomaten wurden Kirschtomaten. Andere sollten keine Kerne enthalten – so entstanden kernlose Trauben.

Wichtig für die Produzenten ist auch, dass die Früchte beim Transport keine weichen oder braunen Stellen bekommen. Sie sollen nicht anfällig für Krankheiten sein und bestimmte Gifte aushalten, die gegen Unkraut gespritzt werden. Und auch der Geschmack lässt sich durch gezielte Zucht verändern. Meist wird Obst und Gemüse auch so gezüchtet, dass es möglichst gerade und vermeintlich perfekt aussieht.

MODERN HAT AUCH NACHTEILE

Eine große Herausforderung bei der Züchtung ist es, die neuen guten Eigenschaften nicht auf Kosten von alten guten Eigenschaften einzutauschen. Wenn man zum Beispiel Früchte züchtet, die länger haltbar sind, dann sollen sie trotzdem ihren guten Geschmack behalten. Manchmal kann nur eins von beidem umgesetzt werden.

Und auch in der Getreidezucht gibt es Veränderungen. Inzwischen arbeiten viele Landwirte mit Hybridsamen. Diese gezüchteten Samen bringen sehr viel Ertrag, also eine große Ernte. Es wird auch daran gearbeitet, dass die Pflanzen starken Regen oder Hitze auf dem Feld besser aushalten. Der Nachteil ist aber, dass die Samen nur ein Jahr lang gute Erträge bringen. Schon im nächsten Jahr wächst viel weniger Getreide. Deswegen müssen Landwirte, die Hybridsamen nutzen, jedes Jahr neues Saatgut kaufen. Das kann gerade in ärmeren Ländern problematisch sein – hier haben nicht alle Bauern genug Geld für immer neues Saatgut.

MODERNE ZÜCHTUNG

Wenn Forscher einer Pflanze oder einem Tier durch Züchtung eine neue Eigenschaft geben möchten, kann das manchmal eine mühsame Sache sein. Es passieren Fehler, manchmal klappt etwas längere Zeit nicht oder jedenfalls nicht so wie geplant. Bis eine Melone weniger Kerne enthält, können so mal bis zu zehn Jahre vergehen.

DIE GENSCHERE – ZÜCHTEN GEHT PLÖTZLICH GANZ SCHNELL

Jetzt haben Forscher eine Methode gefunden, die schneller ist – und zwar sehr viel schneller. Sie heißt „Genome Editing", was übersetzt „Gen-Bearbeitung" bedeutet. Im Gegensatz zu der Methode, bei der Eigenschaften durch jahrelange Versuche übertragen wurden, greifen die Forscher jetzt ganz gezielt in die Gene der Pflanze ein.

Ganz einfach gesagt kann man mit einer Art Schere im Labor das Erbgut einer Pflanze in eine andere Pflanze einfügen. Man verändert dadurch ihre DNA und damit ihre Eigenschaften. Zum Beispiel lässt sich damit die Eigenschaft „gelb" in eine Zucchini einfügen – vorher war dort „grün" gespeichert.

Forscher sehen diese Methode als sehr nützlich an. Denn unabhängig von Farben oder Geschmäckern könnte man Pflanzen durch gezielte Eigenschaften so besser vor Krankheiten schützen. Man kann sie auch besser an das Klima anpassen und sie zum Beispiel vitaminreicher machen.

In Deutschland und ganz Europa gilt das „Genome Editing" als eine Art Gentechnik. Regeln und Gesetze sorgen dafür, dass die neue Technik Mensch und Umwelt nicht schaden.

▶ WIE DIE GENSCHERE KRANKHEITEN VERHINDERT

Weizen gehört weltweit zu den wichtigsten Lebensmitteln. Er wird überall auf der Welt angebaut. Eine weit verbreitete Bedrohung für den Weizen ist der Mehltau, der ihn schwer schädigt. Um den Weizen vor dem Pilz zu schützen, wird er regelmäßig mit Pflanzenschutzmitteln besprüht. Das wiederum ist nicht besonders gut für die Umwelt. Schon lange hat man deswegen versucht, eine Weizensorte zu züchten, die gegen den Pilz resistent ist, also widerstandsfähig. Doch das ist bisher nicht gelungen.

Mit dem Prinzip des „Genome Editing" haben es chinesische Forscher nun geschafft: Die neu gezüchtete Weizensorte wird von dem Pilz nicht mehr befallen. Das giftige Pflanzenschutzmittel kann dadurch eingespart werden.

▶ IST ZÜCHTEN MIT DER GENSCHERE NATÜRLICH?

Viele Menschen fragen sich, ob eine Pflanze, bei der von Menschenhand etwas im Erbgut verändert wurde, noch natürlich ist. Denn inwieweit sollte der Mensch in die Natur eingreifen dürfen? Von Vorteil ist zumindest, dass das „Genome Editing" im Gegensatz zur bisherigen Züchtung sehr schnell und genau funktioniert. Erst in den nächsten Jahren wird sich zeigen, ob das Züchten mit der Genschere hält, was sich die Forscher davon versprechen.

URBAN FARMING

Mehr als sieben Milliarden Menschen bevölkern unsere Erde. Das ist eine Zahl mit sehr vielen Nullen: 7 000 000 000 Menschen! Und es werden von Sekunde zu Sekunde mehr. Inzwischen lebt mehr als die Hälfte von ihnen in einer Stadt. Sehr oft sind das riesengroße Städte, sogenannte Megastädte. Die haben dann über zehn Millionen Einwohner. Zum Vergleich: Das ganze Land Portugal hat auch ungefähr zehn Millionen Einwohner.

Die Menschen wissen, dass sie auf Dauer neue Lösungen brauchen, um die ganze Welt mit Lebensmitteln zu versorgen. Gleichzeitig interessieren sich inzwischen immer mehr Städter dafür, wo ihre Lebensmittel eigentlich herkommen. Denn auch wenn auf Verpackungen Informationen über das Lebensmittel stehen – wie es verarbeitet wurde, wer es gemacht hat und was darin ist – bekommen wir von den langen Wegen und vielen Stationen, die unser Essen während der Herstellung durchläuft, ziemlich wenig mit.

Deswegen hat man damit angefangen, Lebensmittel in Großstädten anzupflanzen: Das nennt man „Urban Farming". Doch in Städten gibt es wenig Platz für Landwirtschaft – jeder Quadratmeter Boden kostet viel Geld und meistens steht auch schon ein Haus darauf. Was also kann man tun? Hier kommen ein paar Beispiele:

▶ LANDWIRTSCHAFT IN STÄDTEN

In Havanna leben über zwei Millionen Menschen. Sie ist die Hauptstadt der Republik Kuba und liegt in der Karibik. In Havanna gibt es zahlreiche Stadtfarmen, die Obst und Gemüse anbauen. Mit diesen Farmen produziert Havanna den größten Teil dessen, was seine Bevölkerung isst (nämlich 60 bis 80 Prozent), an Obst und Gemüse selber.

Im niederländischen Almere bei Amsterdam wohnen etwa 350 000 Menschen. Die Stadt hat sich vorgenommen, ein Viertel von dem, was die Einwohner jeden Tag essen, selbst zu produzieren. Und zwar in der direkten Umgebung: auf den Feldern und Wiesen der Stadt.

Auch in der französischen Stadt Albi ist man ehrgeizig: Hier leben etwa 50 000 Einwohner. Die Stadt hat das Ziel, so bald wie möglich alle Lebensmittel selbst zu produzieren. Damit möchte sie völlig unabhängig von Lebensmitteln aus anderen Regionen werden. Alles, was die Einwohner täglich brauchen, um leben zu können, soll möglichst in der Nähe produziert werden.

❯ ASIEN: LANDWIRTSCHAFT IN HOCHHÄUSERN

In Asien gibt es besonders viele Megastädte und die Bevölkerung dort wird in den nächsten Jahren weiter wachsen. Kein Wunder also, dass in Asien sehr viel ausprobiert wird, um Lebensmittel in Zukunft in den Städten zu produzieren. In Singapur, Tokyo und Shanghai zum Beispiel werden Pflanzen wie Tomaten, Gurken, Zucchini und Kräuter in Hochhäusern gezüchtet. Dort werden sie mit Nährlösungen versorgt und brauchen keine Erde mehr. Häufig ersetzen Glühbirnen das Tageslicht. Dieser Anbau wird Hydroponik genannt.

Aber nicht nur in Häusern lässt sich Landwirtschaft betreiben. Auch auf Hausdächern oder Parkgaragen, in Tunneln oder auf Grünstreifen wird so einiges ausprobiert – halt doch mal Ausschau!

URBAN GARDENING – SPASS AM SELBERMACHEN

Hast du schon mal selbst etwas angepflanzt? Zu erleben, wie der eigene Salat heranwächst, die Erdbeeren reif werden oder die Farbe der Tomate von grün nach rot wechselt, macht richtig Spaß.

ÜBERALL IST PLATZ FÜR PFLANZEN

Beim „Urban Gardening" (übersetzt aus dem Englischen heißt das „Gärtnern in der Stadt") werden Obst und Gemüse, Kräuter und Bohnen angebaut, ohne dass es dafür große Felder auf dem Land gibt. Das geht zum Beispiel in der eigenen Küche in Blumentöpfen, auf dem Balkon oder im Gartenbeet. Auch Grünflächen wie öffentliche Plätze oder Parkdächer werden dafür genutzt. Manche Restaurants pflanzen Kräuter und Salat direkt auf dem Hausdach und kochen später damit ihre Gerichte.

EINE STADT WIE EIN SCHLARAFFENLAND

Wie fändest du es, wenn du dir auf dem Weg zur Schule noch schnell einen Apfel pflücken könntest? Und wenn du an der Bushaltestelle am Himbeerstrauch naschen könntest? Auf dem Schulhof könntest du dir dann eine Birne für die Pause pflücken. Und auf dem Weg nach Hause würdest du im Winter ein paar Walnüsse sammeln. Klingt ein bisschen wie im Märchen, oder?

Tatsächlich gibt es so etwas in manchen Städten: Angefangen hat vor über zehn Jahren die englische Stadt Todmorden. Sie hat sich seitdem zu einem kleinen Schlaraffenland entwickelt. Statt Stiefmütterchen wachsen hier Kräuter und Gemüse in den Blumenkästen, in den Parks stehen Obstbäume neben den Gemüsebeeten und Kinder lernen schon in der Schule, ihr eigenes Essen anzubauen. „Bedient euch, Leute, das Essen ist für alle!", ist das Motto der Stadt. Auch viele Touristen kommen her, um es sich anzuschauen.

LOKAL PRODUZIEREN BRINGT VIELE VORTEILE

Beim Urban Gardening geht es auch darum, die eigenen Lebensmittel in der Nähe zu produzieren, man sagt dazu: lokal. Denn die weiten Reisen, die Südfrüchte, Reis oder Kakao auf sich nehmen, bis sie in deutschen Supermärkten landen, sind sehr energieaufwendig. Schiffe und Flugzeuge verbrauchen viel Benzin und schaden dem Klima. Es gibt so viele Lebensmittel, die wir tatsächlich lokal oder in der näheren Region anbauen oder kaufen können: Obst und Gemüse zum Beispiel, Brot, Säfte und vieles mehr.

MIETE DOCH MAL EIN HUHN!

Es gibt ganz viele Ideen, seine Lebensmittel selbst herzustellen oder wenigstens beeinflussen zu können, woher sie kommen. Eine Idee ist, sich ein Huhn zu mieten, dessen Eier man essen kann. Eine große Familie, eine kleine Schule oder ein Seniorenheim können sich zum Beispiel eine kleine Hühnergruppe mit einem Stall mieten. Das geht auch mal für einen Monat, zum Ausprobieren. Im Internet findest du einige Anbieter.

ALGEN IN DER STADT

Hast du schon mal Algen gegessen? Das sind eiweißreiche Pflanzen, die sich gut in Häuserfassaden züchten lassen. In Hamburg wird das im „Algenhaus" gemacht: Die Algen wachsen dort an der Hausfassade und werden regelmäßig geerntet. Ein Teil von ihnen wird den Hamburger Studenten in der Mensa serviert. Als Zutat und Gemüse könnten sie in Zukunft auch auf deinem Teller landen!

MACH DOCH MAL

Hast du nicht Lust, selbst etwas zu ernten?

Wie wäre es mit einem Kräuterkasten auf deiner Fensterbank oder einer Tomatenpflanze auf dem Balkon? Du wirst sehen, wie gut frisches Essen schmeckt, wenn man sich bei der Aufzucht und Ernte viel Mühe gegeben hat!

AQUAPONIK

Was haben Fische mit Tomaten zu tun? Eigentlich nicht viel. Außer man kombiniert Fischzucht mit Gemüseanbau und kann Tomaten und Fische gleichzeitig züchten. Das ist die Idee, die hinter der Herstellungsmethode „Aquaponik" steckt.

Das Wort Aquaponik ist zusammengesetzt aus den Worten **Aqua**zucht und Hydro**ponik.** Dabei steht die Aquazucht für die Fischaufzucht. Hydroponik ist eine Technik, bei der Pflanzen nicht in Erde wachsen, sondern allein durch eine Nährlösung versorgt werden.

❯ WENN FISCHE TOMATEN FÜTTERN

Wenn man Fische in einem Aquarium hält, muss man das Wasser regelmäßig filtern und reinigen. Durch Fischkot und Futterreste verschmutzt es sonst zu stark. In der Aquaponik-Anlage jedoch sind genau diese Abfälle wertvolle Rohstoffe und werden nicht entsorgt, sondern weiterverarbeitet. Kot enthält nämlich Stickstoff, und damit den wichtigsten Dünger für Pflanzen.

▼ Fische   ▼ Tomatenpflanzen

Ganz ungefiltert bleibt das Fischwasser zwar nicht. Es läuft durch einen Bio-Filter und wird dort aufbereitet. Anschließend läuft es dann aber direkt zu den Tomatenpflanzen. Die Wurzeln der Pflanzen werden so mit dem nährstoffreichen Wasser umspült.

▶ DER WASSERKREISLAUF

Nachdem die Pflanzen das gefilterte Fischwasser aufgenommen haben, wird es über ihre Blätter zum Teil wieder abgegeben – das Wasser verdunstet. Eine Klimaanlage merkt das und fängt das verdunstete Wasser auf. Anschließend leitet sie es zurück in das Fischbecken, wo es als Teil des Wassers den Fischen zugute kommt. Diese Art von Wiederverwertung nennt man einen Kreislauf. Im Falle der Aquaponik kann das Wasser immer wieder verwendet werden und der Vorteil ist, dass die Tomaten so nur halb so viel Wasser verbrauchen wie Tomaten in einem Gewächshaus. Fische und Tomaten passen also doch ganz gut zusammen, oder?

Nicht nur Tomaten lassen sich mit Aquaponik züchten: Mit Gurken, Kürbissen und allerlei Kräutern funktioniert das System ebenfalls!

DER FISCH IN DER ANLAGE: TILAPIA

In vielen Aquaponik-Anlagen wird der Fisch Tilapia gehalten. Dieser Süßwasserfisch mag es warm und ist nicht sehr anfällig für Krankheiten. Er ist außerdem ein Allesfresser, der auch mit rein pflanzlichem Futter auskommt. Er ist also recht pflegeleicht und gleichzeitig ein guter Futterverwerter: Um ein Kilogramm zuzunehmen, muss er nur 1,3 Kilogramm Futter fressen. Er braucht also wenig Futter und wächst trotzdem schnell.

MACH DOCH MAL

Möchtest du selbst mal ausprobieren, wie ein Aquaponik-System funktioniert?

Du kannst es auch in kleinerer Ausstattung kaufen, zum Beispiel für ein Schulprojekt. Im Internet findest du verschiedene Komplett-Systeme mit Anleitung.

DIGITAL FARMING – LANDWIRTSCHAFT DER ZUKUNFT

Wir leben in einer digitalisierten Welt. Das bedeutet, dass jeder von uns digitale Geräte nutzt, wie zum Beispiel ein Smartphone und einen Computer oder ein Tablet. Wir spielen digitale Spiele und gebrauchen verschiedene technische Geräte, die uns das Leben erleichtern. Darüber hinaus sind viele Geräte inzwischen miteinander verknüpft und teilen sich gegenseitig Informationen mit. Das gibt es für den Haushalt – zum Beispiel intelligente Kühlschränke oder moderne Heizungssysteme – und längst auch in der Landwirtschaft. Werfen wir mal einen Blick in die Zukunft: Wie wird sich die Landwirtschaft in den nächsten Jahren verändern?

▶ ROBOTER FÜR DIE FELDARBEIT

Es wird nicht mehr lange dauern, bis die meisten Felder mit Feldrobotern bearbeitet werden. Die werden im Boden messen können, wie viel Wasser die Pflanzen heute brauchen, und ihnen dann genau so viel Wasser geben. Wenn die Pflanze von einem Schädling befallen wird, werden die Roboter ihn finden und das passende Mittel dagegen spritzen. Die Maschinen werden auch eigenständig messen können, wann es Zeit für die Ernte ist, und werden diese Information automatisch mit der Wettervorhersage vergleichen. Dann können sie dem Landwirt funken, welcher der beste Tag für die Ernte ist.

DROHNEN IN DER LUFT

Auch aus der Luft wird es Helfer geben: Drohnen werden regelmäßig über den Feldern ausschwärmen und mit Kameras aufnehmen, wie das Getreide wächst. Sie werden sofort feststellen, wenn Tiere oder Unwetter den Pflanzen Schaden zugefügt haben. Sie finden auch heraus, ob das Feld von Schädlingen befallen ist. Und all diese Informationen leiten die Drohnen direkt an den Landwirt weiter, der nun von seinem Büro aus entscheiden kann, was zu tun ist.

EIN MELKROBOTER IM KUHSTALL

Und im Kuhstall? Hier wird stets ein Melkroboter stehen, der die Kühe automatisch melken kann. Alle Kühe im Stall tragen dann einen Sensor im Halsband. Über ihn wird permanent gemessen, was die Kuh so treibt: Ob sie gerade läuft oder frisst, wie viel sie säuft oder wann sie beschließt, sich vom Melkroboter melken zu lassen. Wenn der Sensor misst, dass die Kuh krank ist, wird er sie in die Krankenbox zum Tierarzt weiterleiten. Der Landwirt kann all das über sein Smartphone beobachten. Zum Saubermachen und Ausmisten wird er übrigens auch nicht mehr in den Stall gehen müssen – das übernimmt dann der Reinigungsroboter.

MODERNES EINKAUFEN

Stell dir vor, du wirst im Supermarkt nachgucken können, woher das Fleisch kommt, das du gerade kaufst. Denn seine Verpackung wird mit einem Sensor-Etikett ausgezeichnet sein: Mit einer App auf deinem Smartphone kannst du dann jede Station einsehen, in der das Tier gelebt hat. Wo wurde es geboren? Wie ist es aufgewachsen? Was hat es gefressen und wo wurde es geschlachtet? Selbst die Transportwege werden gespeichert sein. Und ganz verrückt: Per Webcam könntest du einen Blick in den Stall werfen, in dem das Tier gemästet wurde.

Die Technik der Zukunft ist auch heute schon da. Es gibt viele Landwirte, die bereits damit angefangen haben und ihre modernen Höfe gerne zeigen. Im Internet findet man viele solcher Betriebe.

MACH DOCH MAL

Was du sofort mal ausprobieren kannst, ist nachzuschauen, wo das Ei in deinem Kühlschrank herkommt. Denn auf ihm ist eine Nummer aufgestempelt. Wenn du sie im Internet eingibst, findest du mit etwas Glück den Stall, in dem die Henne das Ei gelegt hat.

BIOLOGISCHE LANDWIRTSCHAFT

Damit eine Pflanze gut wächst und gedeiht, braucht sie Licht, Luft, Wasser und Nährstoffe aus dem Boden. In der freien Natur wachsen Pflanzen mal etwas schief und krumm, mal etwas kleiner und dann wieder größer, in jedem Fall aber ganz ohne unsere Hilfe. Sobald Menschen jedoch das Ziel haben, Pflanzen bewusst zu ziehen und ihren Ertrag zu verwenden, wird es komplizierter. Denn auf dem Feld oder im Gemüsegarten machen Unkraut und Schädlinge es den Pflanzen schwer. Auf Dauer gibt es im Boden auch nicht immer genügend Nährstoffe, damit die Pflanze gut wachsen kann. Manche Pflanzen werden von Pilzen befallen und manchmal fällt die Ernte sehr klein aus.

❯ OHNE PFLEGE KEINE ERNTE

Aus diesem Grund werden in der Landwirtschaft Pflanzenschutzmittel gebraucht. Sie schützen die Pflanzen zum Beispiel vor Pilzen und Raupen. Unkraut wird mit Gift, den so genannten Herbiziden, bekämpft. Zusätzlich werden Pflanzen meist mit künstlichem Dünger versorgt, um schneller zu wachsen und eine größere Ernte hervorzubringen.

❯ BIO: IM EINKLANG MIT DER NATUR

Die biologische Landwirtschaft hat das Ziel, im Einklang mit der Natur zu arbeiten. Das bedeutet nicht, dass überall Unkraut wachsen darf und die Landwirte sich keine Gedanken über Pflanzenkrankheiten und Schädlinge machen. Stattdessen möchte man möglichst natürliche Mittel einsetzen, die Pflanzen, Tieren, Boden und Menschen nicht schaden und trotzdem eine gute Ernte möglich machen. In der biologischen Landwirtschaft wird deswegen auf den industriellen Dünger und fast alle Pflanzenschutzmittel verzichtet.

▶ DIE IDEE DER KREISLAUFWIRTSCHAFT

Im Einklang mit der Natur zu wirtschaften bedeutet, die Landwirtschaft und den Bauernhof selbst als einen geschlossenen Kreislauf anzusehen. Das funktioniert so: Auf einem Feld wird Getreide angebaut. Dieses Getreide bekommen die Tiere zu fressen. Und der Mist der Tiere wird als Dünger für das Getreidefeld verwendet. So stehen die Tiere, der Boden und das Getreide in einer direkten Beziehung zueinander: Jeder hilft dem anderen. Die Idee dahinter ist, dass man dem Boden nicht nur etwas wegnimmt – zum Beispiel in Form von Getreide, das auf ihm angebaut wird – sondern auch wieder etwas zurückgibt, nämlich in Form von natürlichem Dünger.

Damit der Kreislauf funktioniert, muss ein biologischer Bauernhof sowohl Tiere züchten als auch Getreide anbauen. Der Vorteil ist, dass kein künstlicher Dünger gebraucht wird, der Boden fruchtbar bleibt und der Landwirt das Futter für seine Tiere selbst herstellt.

BIO-SIEGEL: WELCHE GIBT ES?

Hast du auf Lebensmittelverpackungen schon mal ein Bio-Siegel gesehen? Es zeigt dem Käufer, dass dieses Lebensmittel in einer biologischen Landwirtschaft angebaut wurde.
In Europa gibt es ein EU-Siegel, das den europäischen Bio-Normen entspricht. Außerdem gibt es die Siegel von Bioland, Naturland und Demeter. Wer diese Siegel verwenden darf, musste bei seiner Tierhaltung und Landwirtschaft noch deutlich strengere Auflagen erfüllen.

▶ BIO: FÜR DAS WOHL DER TIERE

Die biologische Landwirtschaft hat verschiedene Regeln aufgestellt, um Tiere zu halten und Lebensmittel herzustellen. Diese Regeln entspringen der Überzeugung, sich für das Wohl der Tiere und den Schutz unserer Umwelt einzusetzen.

So richtet sich zum Beispiel die Anzahl der Tiere, die ein Bio-Bauer halten darf, nach der Größe seiner Felder: Er muss dort so viel anbauen können, wie er benötigt, um all seine Tiere zu versorgen. Ein wichtiger Grundsatz der Bio-Landwirtschaft ist also, dass das Tierfutter vom eigenen Hof kommt. Der Vorteil dabei ist, dass das Futter nicht von weit her transportiert werden muss.

Ein weiterer Grundsatz der biologischen Landwirtschaft ist das Wohl der Tiere: Den Tieren soll es in erster Linie gut gehen. Sie bekommen ausreichend Platz im Stall und Auslauf oder Weidegang. Anders als in der konventionellen Landwirtschaft werden in der Bio-Landwirtschaft die Tiere und Rassen nicht nur danach ausgesucht, dass sie möglichst schnell wachsen und so rasch wie möglich ihr Schlachtgewicht erreichen. Es ist dem Bio-Landwirt auch wichtig, dass die Rassen der Region weiter bestehen. Außerdem legt er Wert darauf, dass seine Tiere ohne Hilfsmittel gesund bleiben und dass sie ihren natürlichen Verhaltensweisen nachgehen können. Beispielsweise dürfen Kälbchen nach der Geburt länger bei ihrer Mutter bleiben.

Die Bio-Tierhaltung und auch der Bio-Anbau kosten deutlich mehr Geld als Erzeugnisse aus konventioneller Landwirtschaft. Das liegt vor allem daran, dass dabei mehr Arbeit geleistet wird und der Ertrag geringer ist.

TIERE IN DER BIO-LANDWIRTSCHAFT: WELCHE REGELN GIBT ES?

> Tiere brauchen ausreichend Platz in ihrem Stall.
> Tiere brauchen frische Luft und Tageslicht, also zum Beispiel einen Auslauf vor ihrem Stall.
> Kühen muss eine Weide zum Grasen zur Verfügung gestellt werden.
> Tiere müssen mit Futter versorgt werden, das ihren natürlichen Anforderungen entspricht.

FÜR DAS WOHL DES BODENS

Ein gesunder und fruchtbarer Boden ist in der Bio-Landwirtschaft besonders wichtig. Da die Bio-Bauern keinen künstlichen Dünger verwenden, müssen die Nährstoffe für die Pflanzen auf andere Art und Weise in den Boden kommen. Das passiert zum einen mit dem Mist und der Gülle der Tiere und zum anderen mit dem Prinzip der Fruchtfolge. Darunter versteht man das abwechselnde Pflanzen von Weizen, Bohnen, Gerste und Raps auf ein und demselben Feld. Die Idee dahinter ist, dass der Weizen zum Beispiel andere Nährstoffe aus dem Boden holt als der Raps. Außerdem hinterlässt der Raps besonders viel Stickstoff im Boden, was die Kartoffel zum Beispiel gut nutzen kann. So wird das Feld natürlicherweise von einer Pflanze für die nächste vorbereitet und der Boden bleibt fruchtbar. Auch verhindert die Fruchtfolge, dass sich Krankheiten oder Schädlinge ausbreiten. Die mögen nämlich immer nur eine bestimmte Sorte Pflanze und können sich gar nicht erst ausbreiten, wenn auf die Bohnen schon wieder die Gerste folgt.

EIN GLÜCK FÜR DEN BAUERN: DER MARIENKÄFER

Marienkäfer sind nützlich, da sie Pflanzenschädlinge wie Blattläuse und Spinnmilben fressen. Wenn Bauern früher viele Marienkäfer in ihrem Feld sahen, dann war das für sie ein Segen. Die Marienkäfer verhalfen ihnen nämlich meist zu einer größeren Ernte, da Schädlinge sich nicht ausbreiten konnten. So ist der Marienkäfer bis heue ein Glückssymbol – für die Bauern ganz besonders!

Klima?

3D-Drucker?

Insekten auf dem Teller?

Essen im Müll?

Vegetarier und Veganer?

ESSEN FÜR DIE ZUKUNFT

LANDWIRTSCHAFT UND DAS KLIMA

Unsere Erde ist von einer Lufthülle umgeben, die man Atmosphäre nennt. In dieser Atmosphäre befinden sich verschiedene Gase wie Kohlendioxid (CO_2) oder Methan (CH_4) und sie ist für uns Menschen, für die Tiere und Pflanzen sehr wichtig: Ohne die Atmosphäre könnten wir nicht überleben. Denn die Gase in der Atmosphäre sorgen dafür, dass es auf der Erde warm genug ist. Das muss man sich so vorstellen: Die Sonne schickt ihre Strahlen auf die Erde. Dort werden sie in Wärme umgewandelt, ein Teil von ihnen aber wird direkt wieder zurück ins All abgege-

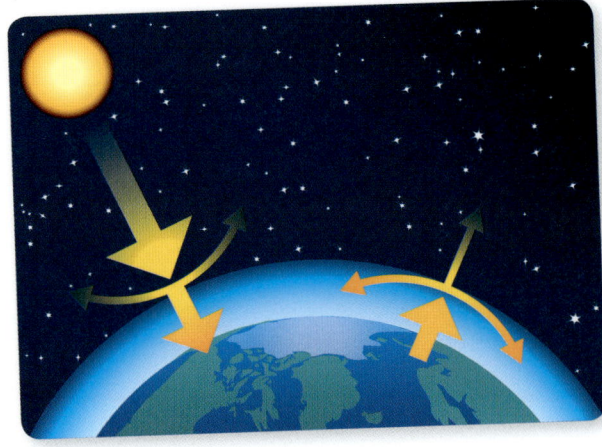

ben. Dass nicht all die Sonnenwärme verloren geht, haben wir den Gasen der Atmosphäre zu verdanken – sie halten die Wärmestrahlen auf der Erde. Ohne sie wäre es hier sehr kalt. Die Erde wäre von einer dicken Eisschicht bedeckt und keiner könnte auf ihr leben.

❯ DIE ERDE – EIN RIESIGES TREIBHAUS

Die Atmosphären-Hülle funktioniert ganz ähnlich wie ein Glashaus oder Treibhaus, in dem Pflanzen gezüchtet werden. Deshalb werden die Gase in der Atmosphäre auch Treibhausgase genannt. Das Problem ist, dass die Menge der Treibhausgase in den letzten Jahrzehnten stark zugenommen hat. Das führt dazu, dass immer mehr Wärmestrahlen auf der Erde gehalten werden und diese sich immer stärker erwärmt. Wir sprechen deswegen von einem „Treibhauseffekt" und als Konsequenz daraus von einem Klimawandel.

Aber woher kommen eigentlich die Treibhausgase? Die sind zum Teil natürlich. Zum Teil werden sie aber auch von Menschen und von unseren Nutztieren verursacht. Abgase von Autos oder Flugzeugen zum Beispiel sind luftverschmutzende Gase. Auch manche Fabriken stoßen viel CO_2 aus. Und die moderne Landwirtschaft trägt ebenfalls dazu bei, dass die Erde sich langsam erwärmt.

❯ TREIBHAUSGASE IN DER LANDWIRTSCHAFT

Um Nahrung herzustellen, wird auf der ganzen Welt Landwirtschaft betrieben. Problematisch dabei ist, dass die Bevölkerung immer weiter wächst und sehr viele Anbauflächen benötigt werden, um alle Menschen zu versorgen.

Viele Nahrungsmittel werden auf Feldern angebaut. Diese Felder werden gedüngt, damit die Pflanzen darauf besser wachsen. Doch bei der Herstellung von Dünger entsteht häufig viel CO_2, was dem Klima schadet. Gleichzeitig setzt der Dünger, ist er erst mal auf dem Feld, noch ein anderes Gas frei: Lachgas, auch genannt NO_3. Dieses Gas bleibt für sehr viele Jahre in der Atmosphäre und hat deswegen einen großen Anteil am schädlichen Treibhauseffekt.

PUPSENDE KÜHE

Methan ist ein Gas, das ebenfalls ziemlich schlecht für das Klima ist. Und wo wird es ausgestoßen? Auf der Weide! Wiederkäuer wie Rinder oder Schafe pusten es beim Rülpsen und Pupsen in die Luft.

Weltweit werden Millionen von Nutztieren gehalten: Schweine, Hühner, Kühe und Rinder versorgen die Menschen mit Fleisch, Milch und Eiern. Diese Tiere brauchen jede Menge Futter. Die meisten Länder jedoch stellen ihr Tierfutter nur zum Teil selbst her. Stattdessen muss das Futter aus anderen Ländern importiert werden: Vor allem in Südamerika gibt es riesige Plantagen, auf denen Tierfutter angebaut wird. Und nicht nur wird das Futter anschließend mit viel Energie und Treibhausgasen zu uns transportiert. Auch wird für das Ackerland in den Tropen sehr viel Regenwald abgeholzt, um große Anbauflächen zu gewinnen. Da Bäume die wichtige Eigenschaft haben, CO_2 aus der Luft zu filtern, ist auch das Abholzen des Regenwaldes ein großes Problem für das Klima.

› KLIMAFREUNDLICH ESSEN – WIE GEHT DAS?

Obwohl in der Landwirtschaft viele Treibhausgase entstehen, ist sie natürlich unverzichtbar – denn ohne Nahrung könnte niemand von uns überleben. Stattdessen gibt es Möglichkeiten, um bei der Auswahl deines Essens so wenig wie möglich zum Treibhauseffekt beizutragen. Hier sind ein paar gute Tipps:

1 Schau dir an, woher die Lebensmittel kommen – frische Lebensmittel aus der Region können Transportkilometer und damit CO_2 sparen.

Je weiter ein Lebensmittel reisen muss, um ins Supermarktregal zu kommen, desto mehr CO_2 wird dabei ausgestoßen. Große Unterschiede gibt es dabei zwischen Flugkilometern, Schiffskilometern oder Lkw-Kilometern. Das Flugzeug ist zwar unschlagbar schnell, aber es pustet auch sehr viel mehr CO_2 in die Luft. Deswegen spart es sehr viel Treibhausgase, wenn man versucht, Lebensmittel aus der eigenen Region zu kaufen.

2 Iss öfter das, was gerade frisch geerntet wird – denn das muss nicht lange gelagert werden.

Ein Apfel aus Deutschland, den du im Sommer im Supermarkt kaufst, hat schon einige Monate in einem Lager verbracht. Denn er wurde bereits im letzten Herbst geerntet und wurde seitdem gekühlt, damit er frisch bleibt. Und das hat eine ganze Menge Energie verbraucht. Das heißt aber nicht, dass wir Äpfel nur im Herbst und Winter essen sollen. Es zeigt nur, dass Lebensmittel dann besonders umweltfreundlich sind, wenn wir sie frisch nach der Ernte essen.

3 Iss viele pflanzliche Lebensmittel wie Kartoffeln, Hülsenfrüchte oder Gemüse – denn die werden mit einem kleineren CO_2-Verbrauch hergestellt als tierische Lebensmittel wie Fleisch, Milch und Käse.

4 Gib acht auf Umwelt-Siegel: Siegel wie das Bio-Siegel garantieren weniger künstlichen Dünger und gute Kreislaufsysteme und damit einen Einsatz für die Umwelt.

DER CO$_2$-FUßABDRUCK

Im Internet gibt es sogenannte CO$_2$-Rechner. Das sind Computerprogramme, die für dich ausrechnen, wie viel CO$_2$ du durch deine täglichen Aktivitäten erzeugst. Du kannst den CO$_2$-Rechner mit deinen Eltern für zu Hause anwenden. Oder du rechnest gemeinsam mit deinen Mitschülerinnen und Mitschülern sowie Lehrern für die Klasse oder sogar für die ganze Schule. Das Ergebnis nennen Fachleute dann den „CO$_2$-Fußabdruck". Dahinter steckt die Überlegung, dass jeder Mensch während seines Lebens Spuren hinterlässt. Das Ziel von vielen Klimaschützern ist es, möglichst umweltschonend zu leben – und sprichwörtlich einen möglichst kleinen Fußabdruck auf der Erde zu hinterlassen.

MACH DOCH MAL

Der Klimadrink

Ein leckeres Getränk, das nur aus frischem regionalem Obst der Saison besteht! Hier sind ein paar Möglichkeiten:

Frühling

Minze gibt es jetzt bald im eigenen Gartenbeet oder im Supermarkt. Du kannst die Blättchen abzupfen und mit heißem Wasser übergießen und daraus einen Tee machen!

Sommer

Wenn es warm ist, macht es besonders viel Spaß, seinen Drink mit Eiswürfeln zu genießen. Mach dir doch schöne Obst-Eiswürfel, indem du je eine Himbeere, Brombeere oder Heidelbeere in einen Eiswürfelbehälter legst. Fülle ihn dann mit Leitungswasser auf und lege ihn in die Tiefkühltruhe. Nach etwa 6 Stunden sind die Obst-Eiswürfel bereit für dein Wasserglas – erfrischend!

Herbst

Äpfel und Birnen sind jetzt reif und lecker – du kannst dein Wasser mit kleinen Würfeln oder Scheiben von ihnen aufpeppen.

Winter

Jetzt ist die Zeit der Zitrusfrüchte. Mach dir doch mal eine heiße Zitrone! Presse dafür eine Zitrone aus und fülle den Saft mit etwa 150 Milliliter heißem Wasser auf. Schön heiß trinken!

INSEKTEN AUF DEM TELLER

Hast du schon einmal Insekten gegessen? Heuschrecken, Grillen oder Mehlwürmer vielleicht? Wenn du jetzt „Nein!" rufst, dann bist du keine Ausnahme. Bei uns in Deutschland ist es nicht gerade üblich, Insekten zu essen. Die meisten Menschen finden den Gedanken an Insekten auf dem Teller sogar ziemlich eklig. Das könnte sich in nächster Zeit allerdings ändern. Denn Insekten sind sehr gesund und enthalten viel Eiweiß. Sie wären also ein guter Ersatz für Fleisch. Mann kann sie außerdem umweltfreundlich produzieren und schmecken tun sie auch gut – es kommt nur darauf an, wie sie zubereitet werden ...

❯ ANDERE LÄNDER, ANDERE SITTEN

In vielen Ländern ist es ganz normal, Insekten zu essen. Es gibt auf der Welt etwa 2100 essbare Arten. Dazu gehören Heuschrecken und Grillen, Käfer, Raupen, Ameisen und Wanzen. Im afrikanischen Nigeria isst man zum Beispiel gerne die Larven des Palmkäfers. Auf den Märkten in Peru kann man frittierte Ameisen kaufen. Und in Mexiko gelten „Escamoles" – Larven und Puppen von Ameisen –, gebraten in Butter und Knoblauch, als eine echte Delikatesse. Für ungefähr zwei Milliarden Menschen auf der Erde sind Insekten wichtige Bestandteile ihres Essens.

> GUT FÜR DIE UMWELT

Insekten zu essen hat einige Vorteile. In ihnen stecken Eiweiß, Öl, Ballaststoffe und Mineralien, also wichtige Stoffe, die unser Körper braucht. Insekten kommen außerdem mit wenig Platz aus, können fast überall leben und wachsen sehr schnell. So lassen sich in kurzer Zeit sehr viele von ihnen auf kleinem Raum züchten. Im Vergleich zu Rindern oder Schweinen brauchen Insekten auch viel weniger Futter. Um ein Kilogramm Rindfleisch zu produzieren, benötigt man etwa neun Kilogramm Futter für das Rind. Für ein Kilogramm Insekten„fleisch" müssen dagegen nur zwei Kilogramm Pflanzen an die Insekten verfüttert werden. Außerdem kommen viele Insekten fast ohne Wasser aus.

> INSEKTEN IN DER NOT

Auch in Deutschland standen Insekten schon mal auf dem Speiseplan. Besonders in Notlagen, wie zum Beispiel während des Krieges. Damals gab es für viele Menschen sehr wenig zu essen, und wenn es Fleisch gab, dann war es sehr teuer. Insekten konnten hingegen von jedem einfach gesammelt werden. Nach dem Zweiten Weltkrieg wurde der Bevölkerung empfohlen, Maikäfersuppe auf den Tisch zu bringen. Pro Portion sollten 30 Maikäfer gewaschen, zerschlagen und in Butter gebraten werden. Aufgekocht in einer kräftigen Brühe, wurde daraus eine nahrhafte Suppe.

> UND IN ZUKUNFT: INSEKTEN STATT HÜHNCHEN?

Die Menschen in Europa essen lieber Fleisch als Insekten. Aber das könnte sich noch ändern. Wir werden nämlich immer mehr Menschen auf der Erde. Deswegen müssen Felder, Wasser und Futter so gut genutzt werden wie möglich, um ausreichend Nahrung für alle herzustellen. Schon heute gibt es Insekten im Supermarkt zu kaufen: Hamburger aus Buffalowürmern zum Beispiel. Und in manchen Restaurants kann man Heuschrecken und Grillen bestellen. Auch für Speiseeis gibt es mittlerweile ausgefallene Sorten wie „Stracciawurmella" oder „Flip Heueis" mit gerösteten Heuschrecken. Na, klingt das nicht lecker?

LEBENSMITTEL AUS DEM DRUCKER

Mit einem gewöhnlichen Drucker kannst du zu Hause oder im Copyshop Text und Bilder auf Papier bringen. Mit einem 3-D-Drucker allerdings kann man von der Schraube über einen Schuh bis hin zu Autoteilen richtige Gegenstände drucken. In der Druckerpatrone befindet sich dann natürlich keine Tinte, sondern entsprechendes Material: zum Beispiel Kunststoff, Keramik oder Metall. Stell dir vor, so lassen sich sogar Brillen oder Zähne drucken!

Und Lebensmittel? Geht das etwa auch?

> DER PFANNKUCHEN-DRUCKER

Ein frischer Pfannkuchen aus der Pfanne ist was Tolles. Aber ein Pfannkuchen in Form eines Eiffelturms, Einhorns oder Astronauten beeindruckt sicher noch viel mehr. Das hat sich jedenfalls der Erfinder des Pfannkuchendruckers gedacht. Für diesen Drucker rührt man Teig an und füllt ihn in eine Spritzpatrone des Geräts. Anschließend sucht man sich ein Motiv seiner Wahl aus, drückt auf den Knopf – und los geht's!

> DER RESTEDRUCKER

Stell dir vor, du hättest zu Hause ein paar Essensreste übrig: vielleicht ein Stück Brot, vielleicht auch eine Banane, die schon etwas matschig ist. Und jetzt könntest du beides in eine Druckerpatrone stecken und dir daraus einen frischen Pausensnack drucken. Hört sich interessant an? Das denkt sich auch eine junge Niederländerin. Sie möchte den 3-D-Drucker einsetzen, um Lebensmittel zu retten, die sonst weggeschmissen werden. So verwendet sie Brot, das liegen geblieben ist, und Bananen, die schon zu braun für das Supermarktregal sind. Das Tolle ist: Die ausgedruckten Snacks sehen super aus und schmecken richtig gut.

▶ DER SCHOKOLADENDRUCKER

Bei einem Schokoladendrucker in München kann man sich die ausgefallensten Formen drucken lassen – und zwar ganz aus Schokolade. Wie wäre es mit deinem Namen, einer Figur deiner Wahl oder einem kleinen Schloss?

EIN BLICK IN DIE WEITE ZUKUNFT

In Japan arbeitet man momentan an einer Idee, die den 3-D-Drucker noch weiterdenkt: dem Pixel-Food-Drucker. Unter einem Pixel versteht man einen Bildpunkt. Tausende Pixel setzen ein Bild zusammen. Nach demselben Prinzip druckt der Pixel-Drucker Tausende von Kügelchen zu einem Essen zusammen. Der Drucker hat eine Datenbank, in der jeder Geschmack und jedes Rezept gespeichert sind. Das Gericht selbst wird dann aus winzigen Gelkügelchen gedruckt, die zuvor mit den richtigen Geschmacksstoffen gemischt wurden. Auf diese Weise kann der Drucker jedes erdenkliche Gericht herstellen. Einziger Nachteil: So richtig gut schmecken die Gerichte bisher noch nicht ...

VEGETARISCH UND VEGAN

> VEGETARIER

Als Vegetarier bezeichnen sich Menschen, die kein Fleisch und meist auch keinen Fisch essen. Manchen von ihnen schmecken Fleisch und Fisch einfach nicht. Der wichtigste Grund für die meisten Vegetarier ist aber, dass sie keine Tiere essen möchten. Sie sind nicht damit einverstanden, dass Tiere für Menschen sterben müssen oder nur dafür gezüchtet werden, dass sie am Ende geschlachtet werden. Es gibt auch immer mehr Menschen, die versuchen, nur selten oder wenig Fleisch zu essen. Sie nennen sich Flexitarier, was so viel heißt wie „flexible Vegetarier". Sie kaufen meistens selbst kein Fleisch ein, essen aber bei Freunden und in der Familie auch mal mit, wenn ein Gericht Fleisch enthält.

> VEGANER

„Nichts, was vom Tier stammt" ist das Motto der Veganer. Der Grund dafür ist häufig, dass vegan lebende Menschen mit der Tierhaltung nicht einverstanden sind. Sie finden, dass Tiere nicht in riesengroßen Produktionen gehalten werden sollen, in oft viel zu engen Ställen und unter sehr schlechten Bedingungen. Aus diesem

Grund verzichten Veganer nicht nur auf Fleisch und Fisch, sondern auch auf Eier und Milchprodukte wie Joghurt, Käse oder Quark. Denn diese werden aus tierischen Erzeugnissen hergestellt.

Viele Veganer finden auch, dass eine rein pflanzliche Ernährung umweltfreundlicher ist. Denn für die Tierhaltung wird viel Energie verbraucht, zum Beispiel in Form von Futterherstellung. Veganer richten meistens nicht nur ihr Essen, sondern auch ihren Lebensstil nach dem Schutz der Tiere aus. Viele von ihnen tragen zum Beispiel keine Pullover aus Schafwolle und keine Schuhe oder Taschen aus Tierleder.

➤ PFLANZEN SIND GESUND!

Fleisch, Fisch, Eier und Milch enthalten viel Eiweiß, das wichtig für uns Menschen ist. Wer auf diese Lebensmittel verzichtet, sollte darauf achten, aus anderen Lebensmitteln Eiweiß zu beziehen. Da Kinder noch im Wachstum sind, brauchen sie von manchen Mineralien und Nährstoffen etwas mehr. Für sie ist es besonders wichtig, eine gute Mischung zu essen: Anstelle von Fleisch und Fisch gibt es Hülsenfrüchte, Getreide, Nüsse und Samen. Milch wird durch Sojadrink, Hafer- oder Mandeldrink ersetzt und Joghurt und Käse kann man essen, solange sie ebenfalls aus pflanzlichem Milchersatz gemacht wurden. Ernährungswissenschaftler raten Veganern außerdem dazu, das Vitamin B_{12} als Tablette einzunehmen. Dieses Vitamin ist nämlich in pflanzlichen Lebensmitteln fast nicht vorhanden und viele Veganer bekommen einen Mangel, wenn sie es nicht zusätzlich einnehmen.

TOFU-WÜRSTCHEN?

Als Flexitarier, Vegetarier oder Veganer braucht man manchmal ein paar Ideen, um Fleisch zu ersetzen. Dafür gibt es die sogenannten Fleischersatzprodukte. Sie heißen „Tofu-Würstchen", „Seitan-Schnitzel" oder „Creme nach Schinkenart" und zeigen, dass sie in Form, Farbe und häufig auch Geschmack tierischen Lebensmitteln ähneln. Der Unterschied ist, dass sie aus rein pflanzlichen Produkten bestehen – so ist das Tofu-Würstchen nicht aus Fleisch, sondern eben aus Tofu gemacht.

LEBENSMITTEL: ZU SCHADE FÜR DIE MÜLLTONNE

Fast überall auf der Welt werden Lebensmittel weggeworfen: in Bäckereien und Supermärkten, in Restaurants und Schulkantinen, in Fabriken und leider auch bei vielen Leuten zu Hause. Meistens passiert das nicht in böser Absicht. Manchmal fehlt stattdessen die gute Planung oder auch die Wertschätzung von Lebensmitteln, manchmal ist es auch Gewohnheit oder Unwissenheit.

> WAS LANDET AM HÄUFIGSTEN IN DER MÜLLTONNE?

Ungefähr die Hälfte der Lebensmittel, die wir wegwerfen, ist noch vollkommen in Ordnung. Ziemlich häufig landen frische Produkte wie Obst und Gemüse im Müll – zum Beispiel, weil sie ein paar braune Stellen haben

oder nicht mehr so knackig aussehen. Auch Reste von gekochten Mahlzeiten werden häufig weggeschmissen. Die Gewohnheit, übrig Gebliebenes wegzuschmeißen, haben viele Leute. Brot und Backwaren, Getränke, Milchprodukte sowie Fisch und Fleisch landen vergleichsweise zu einem kleineren Anteil in der Mülltonne.

> LEBENSMITTELABFALL SCHADET DER UMWELT

Wenn wir Lebensmittel wegwerfen, vergessen wir häufig den ganzen Aufwand, der für ihre Erzeugung nötig war. Wir essen zum Beispiel Rindfleisch aus Argentinien, Bananen aus Ecuador und Fisch aus Südostasien. Diese Lebensmittel haben weite Wege hinter sich, bis sie bei uns auf dem Teller landen konnten. Und sie wurden mit viel Aufwand gedüngt, geerntet, gelagert, verpackt und zubereitet. All das hat wertvolle Energie verbraucht. Es wurden Wasser und Ackerfläche verwendet und viel Zeit und Geld investiert.

> UND JETZT?

Was denkst du, wie viel Essen du selbst, deine Eltern, deine Geschwister und deine Freunde wegwerfen? Man hat versucht, das auszurechnen, und schätzt, dass es für jeden Menschen ungefähr 55 Kilogramm im Jahr sind. Das ist wahrscheinlich mehr, als du wiegst. Damit sind wir alle ziemlich große Lebensmittelverschwender. Gleichzeitig sind wir – also jeder Einzelne von uns – auch diejenigen, die etwas dagegen tun können.

> LEBENSMITTEL RETTEN!

Die meisten Supermärkte bieten ihren Kunden nur das „schöne" Gemüse an. Aber was ist überhaupt schönes Gemüse? Solches, das ganz gerade und gleichmäßig gewachsen ist? Aber wäre eine krumme, ungewöhnlich aussehende Zucchini und eine kleine Kartoffel dann hässlich? Und überhaupt: Warum ist das wichtig, wo doch die Form auf den Geschmack gar keinen Einfluss nimmt?

Inzwischen gibt es viele Menschen, die das Wegschmeißen von Lebensmitteln verhindern wollen. Bei der Idee des „Food Sharing" – übersetzt aus dem Englischen heißt das „Lebensmittel teilen" – können Bäckereien, Obst- und Gemüsehändler, Supermärkte, Restaurants, Cafés, Bauernhöfe und viele mehr mitmachen. Sie geben noch gute Lebensmittelreste, die sie nicht mehr verwenden können, kostenlos weiter.

Ähnlich funktioniert auch die Initiative „Too good to go" (übersetzt: „Zu gut, um zu gehen"). Mit einer App wird man informiert, wo und wann übrig gebliebene Lebensmittel für wenig Geld abgeholt werden können. Hier kann man auch selbst mitmachen, zum Beispiel wenn man von der Apfelernte im eigenen Garten etwas übrig hat und verschenken möchte.

LEBENSMITTELABFALL VERMEIDEN – TIPPS UND TRICKS

1. Benutze einen Einkaufszettel

Beim Einkaufen wird man schnell von den vielen leckeren Angeboten verführt. So landen manchmal Dinge im Einkaufswagen, die man eigentlich gar nicht alle essen kann. Ein Einkaufszettel kann dabei helfen, nur das zu kaufen, was man tatsächlich braucht.

2. Nimm dir Zeit beim Einkaufen

Die Auswahl an Lebensmitteln ist verführerisch. Besonders wenn man hungrig ist beim Einkaufen und wenn leckere Sachen geradezu im Weg stehen. Viel besser ist es, sich Zeit zu nehmen, nicht mit leerem Magen einzukaufen und in Ruhe nachzudenken, was man wirklich essen möchte und kann.

3. Wähl ruhig mal die, die sonst übrig bleiben

Ein Supermarkt ist dazu verpflichtet, Lebensmittel mit abgelaufenem Haltbarkeitsdatum wegzuschmeißen. Damit das nicht so häufig passiert, kann man als Käufer ruhig mal Milch oder Joghurt kaufen, die bald ablaufen – vorausgesetzt man weiß, dass man sie in nächster Zeit aufbrauchen wird. Und Äpfel mit kleinen Macken schmecken genauso gut wie die makellosen. Ein Brot vom Vortag kann auch übermorgen noch lecker sein. Wer so aussucht, kann auch noch Geld sparen: Manche Supermärkte bieten Produkte günstiger an, die bald aussortiert werden.

4. Achte auf ununterbrochene Kühlung und den richtigen Platz im Kühlschrank

Lebensmittel, die gekühlt werden müssen, halten meistens nicht sehr lange. Wenn sie eine Weile nicht gekühlt werden, verderben sie noch schneller. Das kann beispielsweise bei einem langen Heimweg nach dem Einkaufen passieren. Helfen kann dann eine isolierte Tragetasche, die kühlt. Zu Hause im Kühlschrank gibt es verschiedene Temperaturbereiche: Das Gemüse kommt in die unteren Schubladen und Fleisch sowie Fisch müssen so kalt wie möglich lagern – am besten auf der Glasplatte über dem Gemüse.

5. Achte auch auf Lebensmittel, die es nicht kalt mögen

Andere Lebensmittel mögen es gar nicht gern kalt. Sie bekommen sogar Kälteschäden und schmecken dann nicht mehr. Dazu gehören Brot, Speiseöle, Kartoffeln, Auberginen, Avocados, Tomaten und die meisten Südfrüchte wie Bananen. Kartoffeln und Zwiebeln brauchen einen trockenen, dunklen Ort. Brot bleibt in einer Brotbox als ganzer Laib länger frisch.

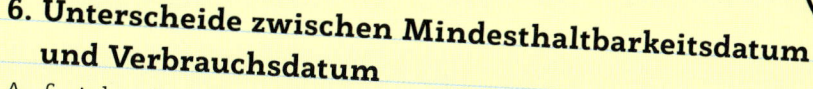

6. Unterscheide zwischen Mindesthaltbarkeitsdatum und Verbrauchsdatum

Auf vielen Produkten ist ein Mindesthaltbarkeitsdatum (MHD) angegeben. Das MHD ist aber kein Datum, zu dem man das Lebensmittel zwingend wegwerfen muss. Es zeigt nur an, wie lange ein Produkt mindestens gut schmeckt und seine Farbe und Knusprigkeit oder Beschaffenheit nicht verändert. Danach ist das Produkt häufig noch lange völlig in Ordnung. Grundsätzlich gilt: Was gut schmeckt, gut riecht und gut aussieht, ist in aller Regel auch noch gut. Anders sieht es beim Verbrauchsdatum aus. Das wird auf leicht verderblichen Produkten wie rohem Fisch, Hackfleisch oder Frischgeflügel angegeben. Und ist das überschritten, gehört das Produkt leider tatsächlich in die Tonne, denn es könnte dir schaden.

7. Mach etwas Schönes aus den Resten

Manchmal bleiben Reste auf dem Teller oder im Topf übrig. Das macht nichts: Anstatt sie wegzuschmeißen, kannst du die restlichen Nudeln vom Abendessen gut verpackt im Kühlschrank lagern. Mit ein bisschen Fantasie und zwei, drei weiteren Zutaten wird am nächsten Tag eine leckere neue Mahlzeit daraus!

SCHON GEWUSST?

Zusatz-wissen!

> WIE KOMMEN DIE LÖCHER IN DEN KÄSE?

Verschiedene Käsesorten sind von zahlreichen Löchern durchzogen. Aber wie kommen die Löcher eigentlich in den Käse und warum haben sie je nach Käseart so unterschiedliche Formen?

Tatsächlich entstehen diese Löcher durch Kohlenstoffdioxid, das von den Milchsäurebakterien im Käse gebildet wird. Während der Käse reift, möchten diese Kohlendioxidgase entweichen und formen dabei Löcher in den Käse. Je nach Menge des gebildeten Gases werden diese größer oder kleiner.

> WANN IST DIE MELONE REIF?

Das ist der Klopf-Test für Wassermelonen: Klopf mit der Faust auf die Melone wie an eine Tür. Wenn ein schön dumpfer Ton aus der Melone kommt, dann ist das Fruchtfleisch reif und die Melone schmeckt süß und saftig – guten Appetit!

> SCHIMMEL IM KÄSE – WIESO IST DER NICHT UNGESUND?

Du weißt bestimmt, dass schimmelige Lebensmittel ungenießbar und sogar giftig sind. Das stimmt allerdings nicht immer: Bei manchen Käsesorten entsteht der besondere, intensive Geschmack erst durch einen Schimmel, den man Edelschimmel nennt. Diese Art Schimmel ist ungiftig und wird dem Käse während der Herstellung absichtlich zugefügt. Vorher wurde er in Roggenbrot gezüchtet – das Brot muss dafür außen sehr trocken und innen feucht sein, sodass es von innen heraus verschimmelt. Der so gewonnene Schimmel wird anschließend als Pulver für die Käseproduktion verwendet.

REGISTER

A

Aminosäuren 13, 58

B

Bakterien 46, 47, 51, 52, 54,
    55, 62, 63, 118
Bestäubung 81, 92
Betäubung 57, 59
Bienen 80, 81, 92
Bienensterben 81
Bodenhaltung 61
Brot 12, 16, 38, 39, 117
Brüterei 60

C

CO_2-Fußabdruck 107

D

Drohne 97

E

Eiweiß 12, 13, 16, 46–49,
    51, 54, 56, 58, 64, 66, 80,
    89, 108, 109, 113
Ernährungspyramide 16
Ernte 11, 20, 24, 26, 27, 30,
    32, 34, 36, 40, 44, 45, 76,
    78, 82, 89, 93, 98, 101

F

Fair Trade 35, 77
Fett 12, 13, 16, 52, 53, 73, 78
Food Sharing 115
Freilandhaltung 61
Fruchtfolge 47, 101
Fruchtzucker 13, 83
Futterzusatz 58

G

Genome Editing 94, 95
Gentechnik 49

H

Hülsenfrüchte 13, 46–48,
    106, 113
Hybridsamen 93
Hydroponik 87, 90

I

Imker 80, 81

K

Kakao 16, 72, 73, 89
Keimling 38, 39, 47
Kleingruppenhaltung 61
Klimawandel 104
Knöllchenbakterien 47
Kohlenhydrate 12
Kraftfutter 49, 51
Kreislaufanlage 67

L

Labenzym 55
Legebetrieb 60
Legemaschine 44
Lokal 89

M

Mästen 56, 57, 59, 97
Milchsäurebakterien 54, 118
Milchzucker 13, 83
Mindesthaltbarkeits-
datum (MHD) 62, 63, 117
Molkerei 52, 53

BILDNACHWEIS

Ab nach draußen: Werde Naturdetektiv!

Spannendes Wissen rund um die heimische Tier- und Pflanzenwelt

96 Seiten
ISBN 978-3-8174-1898-5

96 Seiten
ISBN 978-3-8174-1900-5

96 Seiten
ISBN 978-3-8174-1905-0

96 Seiten
ISBN 978-3-8174-1899-2

96 Seiten
ISBN 978-3-8174-1901-2

96 Seiten
ISBN 978-3-8174-1904-3

circon

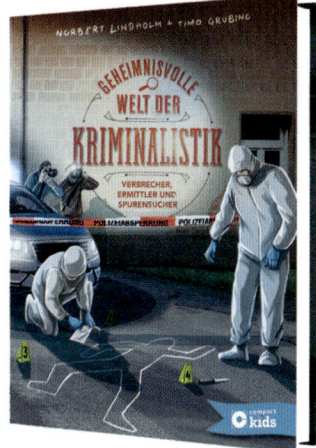
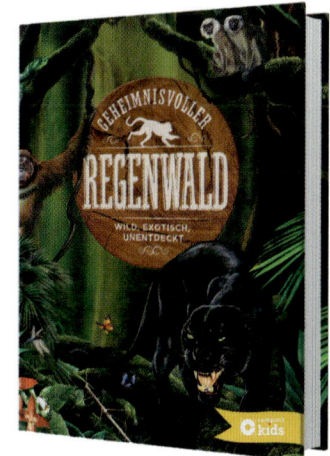

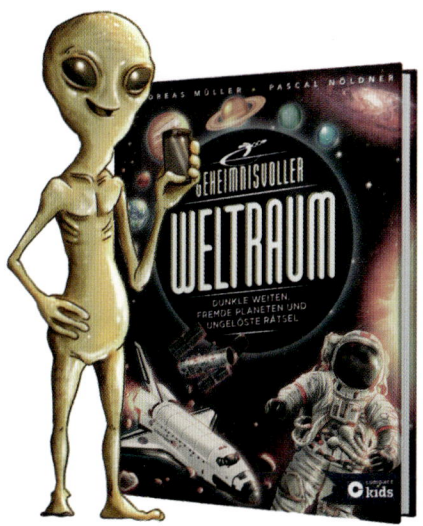

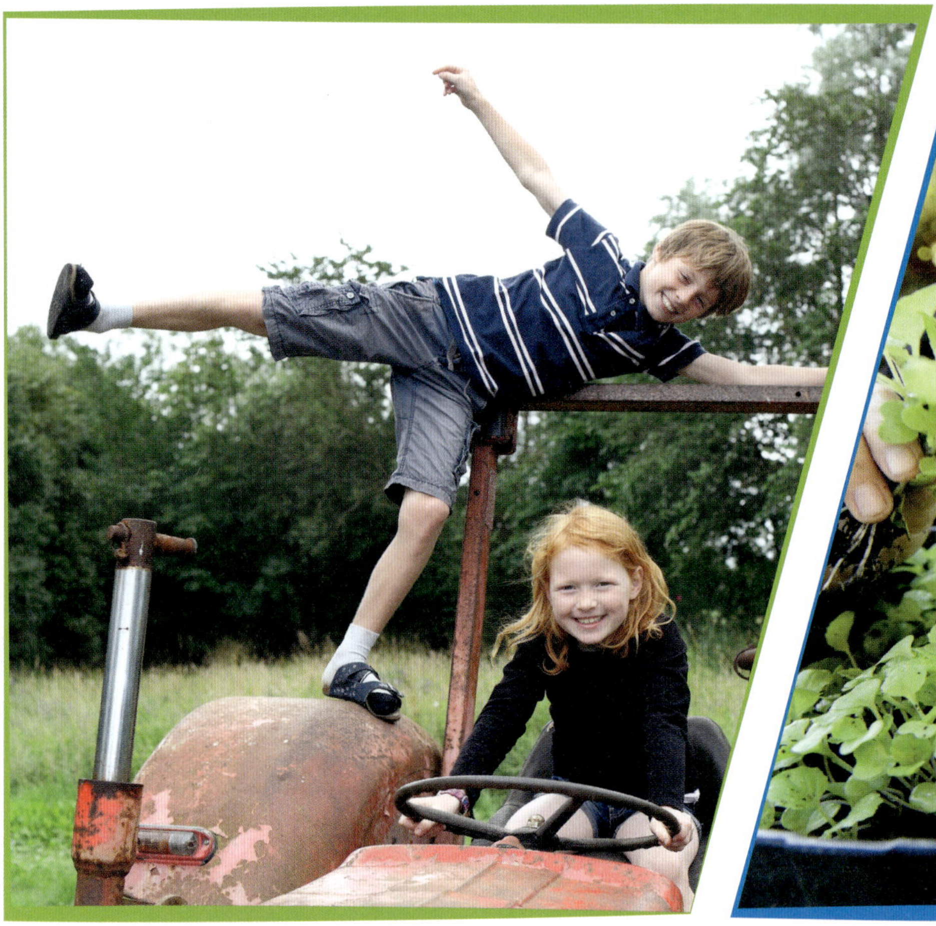
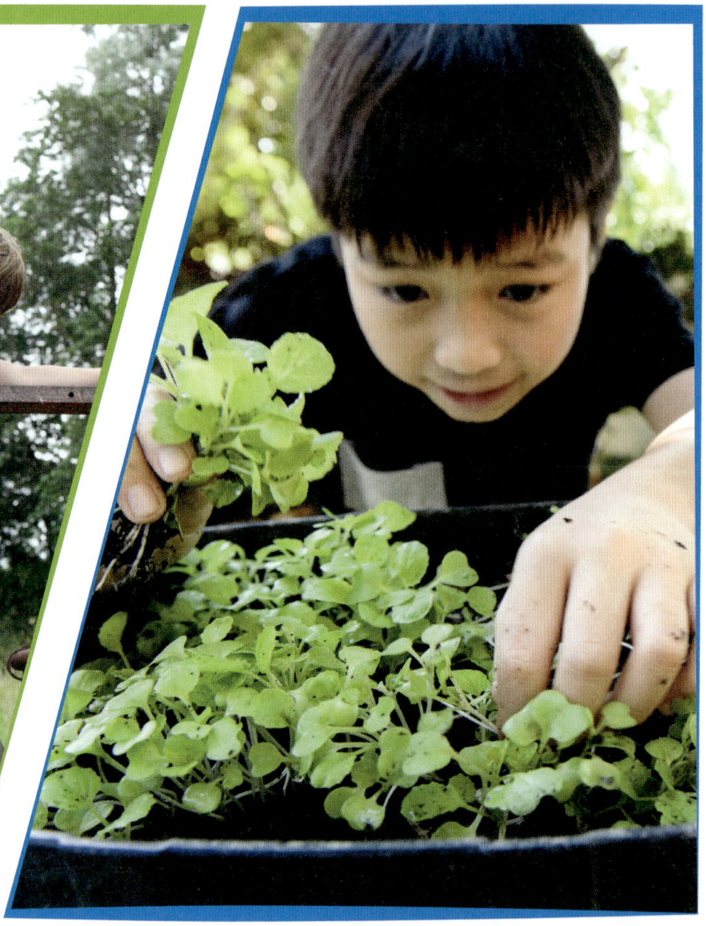
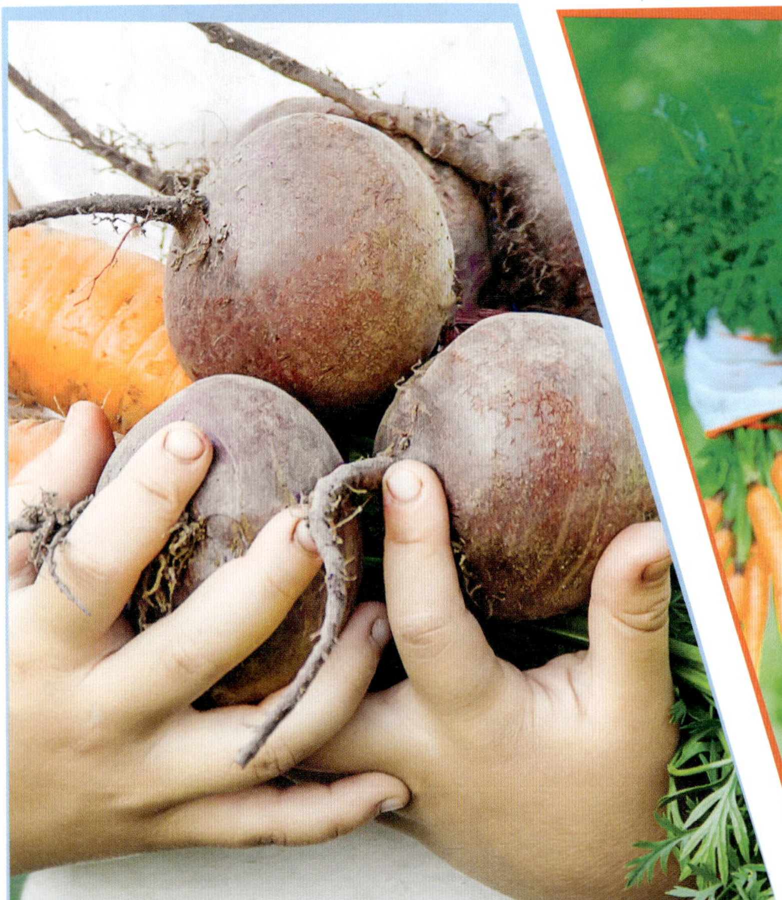
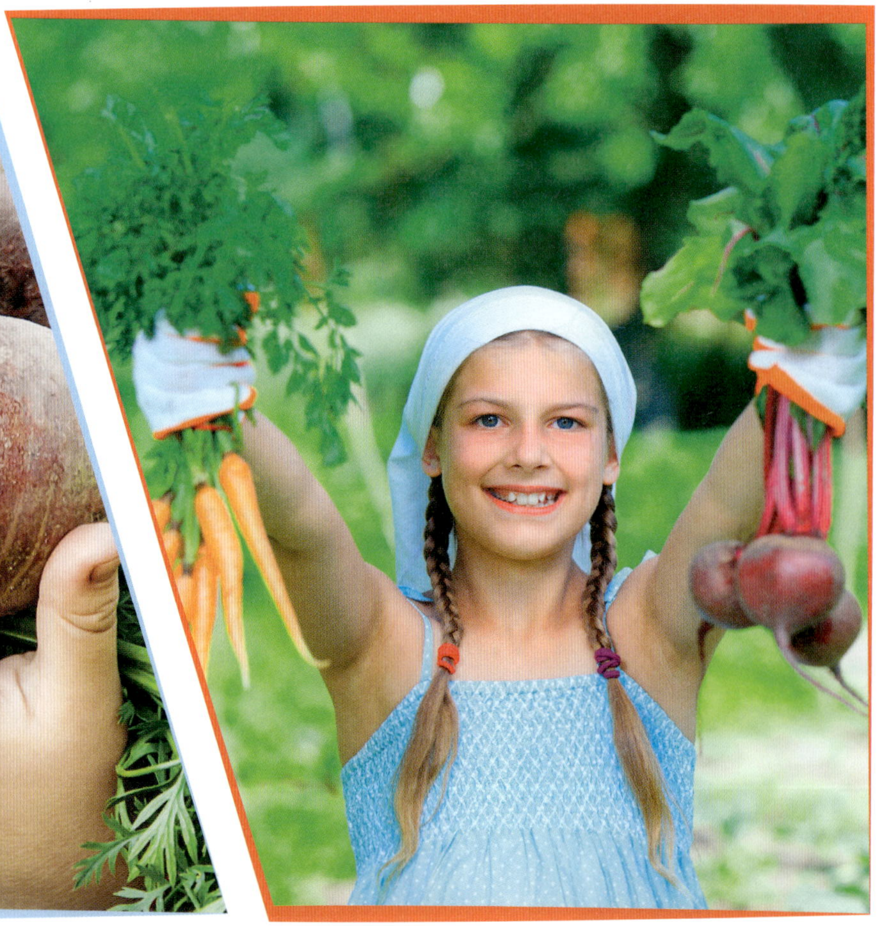